汽车专业技能型教育创新教材

汽车空调原理与维修图解教程
第 2 版

主　编　谭本忠

参　编　胡　波　谭红平　谭秋平　张远军　张国林　李阳阳
　　　　李志杰　李　明　曾放生　宋祥贵　吴林勇　向建华

机械工业出版社

本书对汽车空调原理与维修进行了系统的阐述,主要包括汽车空调整体结构和组件结构、制冷系统、供暖和配气系统、大型客车空调系统、自动空调原理与典型电路分析、维护与故障诊断等内容。该书在系统介绍汽车空调理论知识的同时,结合了大量图表和典型案例,使读者易学习、易理解、易掌握、易应用。

本书可作为中等职业院校和技工学校汽车修理等相关专业的教材,也可供汽车维修行业的人士和汽车工程技术人员参考阅读。

为方便教学,本套教材专门配备了PowerPoint(PPT)形式的配套教学课件,可供广大教师选用。在 http://www.cmpedu.com 注册登录后即可下载;或与机械工业出版社联系,编辑热线:010-88379771。

图书在版编目(CIP)数据

汽车空调原理与维修图解教程/谭本忠主编. —2 版.
—北京:机械工业出版社,2016.11 (2025.3 重印)
汽车专业技能型教育"十三五"创新教材
ISBN 978-7-111-54971-0

Ⅰ.①汽… Ⅱ.①谭… Ⅲ.①汽车空调—理论—中等专业学校—教材②汽车空调—维修—中等专业学校—教材
Ⅳ.①U463.85②U472.41

中国版本图书馆 CIP 数据核字(2016)第 232746 号

机械工业出版社(北京市百万庄大街 22 号　邮政编码 100037)
策划编辑:连景岩　杜凡如　　责任编辑:连景岩　杜凡如　张利萍
责任校对:潘　蕊　　　　　　封面设计:鞠　杨
责任印制:单爱军
北京虎彩文化传播有限公司印刷
2025 年 3 月第 2 版第 10 次印刷
184mm×260mm ·9 印张 ·215 千字
标准书号:ISBN 978-7-111-54971-0
定价:29.00 元

电话服务　　　　　　　　　　网络服务
客服电话:010-88361066　　　机 工 官 网:www.cmpbook.com
　　　　　010-88379833　　　机 工 官 博:weibo.com/cmp1952
　　　　　010-68326294　　　金 书 网:www.golden-book.com
封底无防伪标均为盗版　　机工教育服务网:www.cmpedu.com

丛 书 序

　　当今正值国家大力推广职业教育之际，各地教育机构紧抓机遇，大胆革新，积极推行新的职业教育方法与思路。

　　本套创新教材根据职业需求和岗位要求而设置教学项目，同时将知识系统和技能系统化整为零，合二为一，使学员能做到学一样精一样，同时在细化深入的前提下掌握解决问题的途径和思路。

　　本套教材强化职业实践的实用性教学，对理论教学的要求是将抽象深奥的知识简单化、形象化和感性化，使学员能够轻松掌握，并联系实际，融入实践，同时在实际教学中结合理论认识能将实践认知与经验总结为理论。这样，在学中做，在做中学，巩固知识，强化技能。

　　综合上述特点和要求，创新教材应该具有系统分块，知识点与技能点结合，理论描述简明，实践叙述符合职业规范，能直接感知并参照操作的特点。

　　很多与汽车专业相关的职业院校与职教中心在进行教学改革的同时也在进行教材更新，但大多数是在传统教学教材的基础上进行改编，无法摆脱原有的形式和限制，编写出来的教材往往难以普及并发挥其实效。

　　我们综合汽车运用与维修、汽车检测与维护技术等专业课程设置的要求，同时考虑到职业需求和岗位的设置，将本套创新教材分为汽车机修技术、汽车电子技术、汽车故障诊断技术、汽车车身修复技术、汽车美容与装饰技术、汽车保养与维护技术六大块，为保证专业课程有理论和技术基础，同时设置了汽车机械基础、汽车电学基础、汽车维修专业英语以及汽车文化四门基础课。各个专业分类之下是核心与主干课程，如机修类之下包括汽车发动机与汽车底盘，电子类之下包括汽车电器、汽车空调、汽车发动机电控系统、汽车自动变速器、汽车安全舒适系统等。

　　这套教材作为学生课本，主要突出实图、实例及原理、检测、维修与案例的四结合。配套开发的还有教学课件，我们力图通过这种方式使此套创新教材成为一种立体化的、学员易学、教师易教、效果独到的专业化教材。

编　者

目 录 *Contents*

第一章

概　　述

从 1925 年，在美国纽约出现了第一台利用汽车冷却液通过加热器供暖的单一供暖式空调，到现在的微机控制式空调，汽车空调的发展一共经过了单一供暖、单一制冷、冷暖一体式、自动控制和微机控制五个阶段。

一、汽车空调的功能与特点

汽车空调的功能主要有调节车内的温度、湿度、气流速度、空气洁净度、除霜等，从而为乘客和驾驶人创造了新鲜舒适的车内环境，减轻了驾驶人的疲劳度，提高了行车安全性。

汽车的使用环境以及自身的特点决定了汽车上安装的空调应具备自身特点，要求比家用空调更能适应恶劣的环境。综合来说，汽车空调应具备以下特点：

1. 制冷/制热能力强

车内乘员密度大，产生的热量多，热负荷大；汽车为了减轻自重，隔热层薄；汽车的门窗多、面积大，热量流失严重；汽车在野外行驶，直接受到高温、严寒、潮湿等考验，环境恶劣，千变万化。汽车空调应能迅速地制冷/制热。

2. 抗冲击能力强

汽车在颠簸不平的路面行驶时，汽车空调系统承受剧烈、频繁的振动和冲击，因此汽车空调的各个零部件应有足够的强度和抗震能力。

3. 结构紧凑

由于汽车本身的特点，要求汽车空调结构紧凑，能在有限的空间进行安装，而且安装了空调后，不至于使汽车增重太多，影响其他性能。

4. 动力源多样

轿车、轻型车、中小型客车及工程机械，其空调所需要的动力和驱动汽车的动力都是来自汽车本身的发动机，这种空调系统称为非独立空调；对于大型客车和豪华型大中客车，由于所需制冷量和暖气量大，一般采用专用发动机驱动制冷压缩机和设置独立的供暖设备，故称为独立式空调系统。此外，混合动力汽车与纯电动汽车的空调压缩机一般由电动机驱动。

二、汽车空调的分类

汽车空调的分类如表 1-1 所示。

表 1-1　汽车空调的分类

分类方式	分类结果	分类方式	分类结果
按驱动方式分类	1）独立空调 2）非独立空调 3）电力驱动空调	按功能分类	1）单一功能型 2）冷暖一体型 3）全功能型
按结构形式分类	1）整体独立式空调 2）分体式空调 3）分散式空调	按自控程度分类	1）手动控制 2）半自动控制 3）全电脑控制
按蒸发器布置方式分类	1）仪表板式　　4）下置式 2）车内顶置式　5）后置式 3）立式　　　　6）车外顶置式	按送风方式分类	1）直吹式 2）风道式

第二章

汽车空调整体结构和组件结构

第一节　汽车空调系统的组成

一、一般空调系统的组成

汽车空调系统由制冷系统、供暖系统、配气系统和控制装置四大部分组成，如图2-1所示。

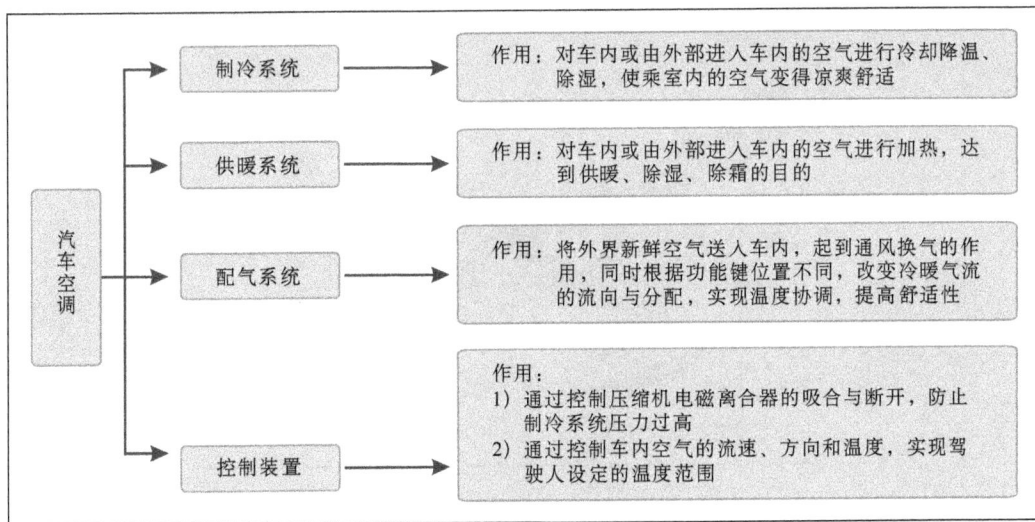

图 2-1　汽车空调结构框图

1. 制冷系统

制冷系统由压缩机、冷凝器、储液干燥器、膨胀阀、蒸发器、散热风扇和制冷管道组成，如图2-2所示。

各部件由下列三种管路连成空调系统：

1）高压软管：用于连接压缩机和冷凝器。

2）液体管路：用于连接冷凝器和蒸发器。

3）回气管路：用于连接蒸发器和压缩机。

2. 供暖系统

供暖系统由加热器、水阀、水管和发动机冷却液组成，如图2-3所示。

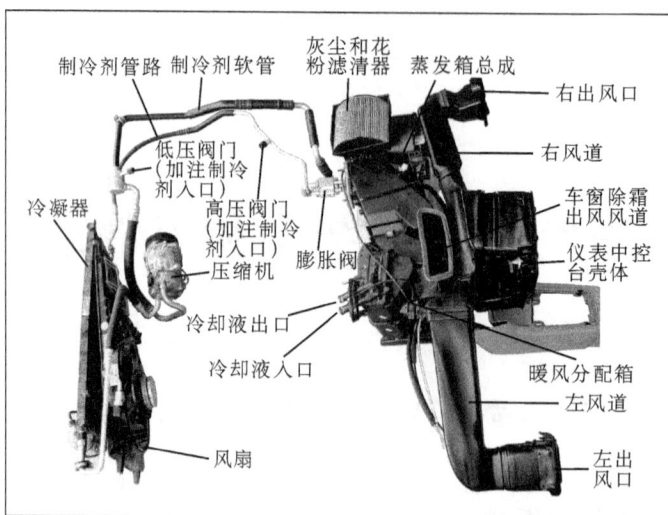

图 2-2　制冷系统的结构

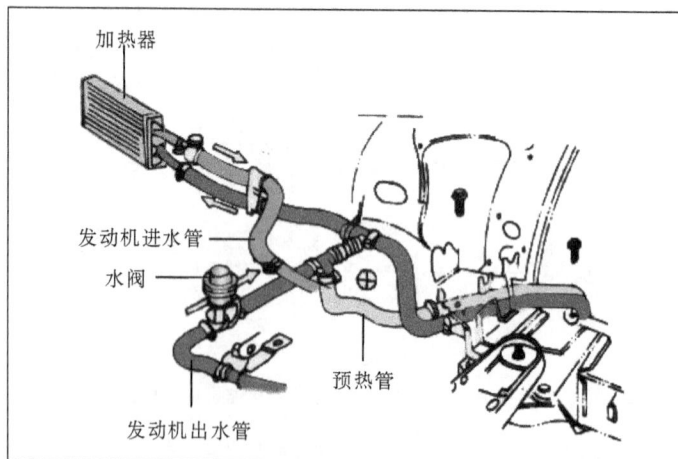

图 2-3　供暖系统的结构

3. 配气系统

配气系统由进气模式风门、鼓风机、混合气模式风门、气流模式风门和导风管等组成。

汽车室内或室外未经调节的空气，经鼓风机作用送至蒸发器或加热器处，此时已被调节成冷空气或暖空气的空气流，根据风门模式和伺服电动机开启角度而流向相应的出风口。

配气系统风门布置如图 2-4 所示。

4. 控制装置

汽车空调控制面板如图 2-5 所示。控制电路包括点火开关、A/C 开关、电磁离合器、鼓风机开关及调速电阻器、各种温度传感器、制冷剂高低压力开关、温度控制器、送风模式控制装置和各种继电器。

近几年来，不少高级轿车上普遍采用了电脑自动控制，免去了人工调节的麻烦，提高了空调经济性和空调效果。

图 2-4　配气系统风门布置

目前轿车的空调压缩机都以汽车发动机作为动力源，压缩机的开停由电磁离合器动作决定，而电磁离合器的工作时机是以各种温度、压力、转速等信号为主要参考数据来决定的。

为避免蒸发器表面温度过低，造成表面结霜，影响制冷效果，所以设有温度控制器(恒温器)，用蒸发器表面温度作为控制信号，控制电磁离合器的动作。若压缩机温度过高，会造成高压部分因压力异常升高而损坏，所以设有过热开关或高压压力开

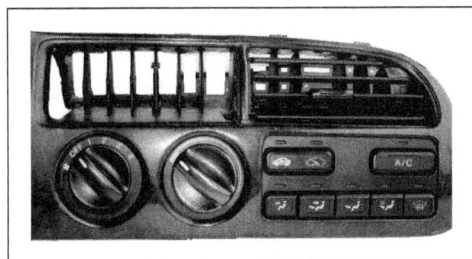

图 2-5　汽车空调控制面板

关。如果系统制冷剂缺乏，则可能冷冻油也缺乏，压缩机若在这种干摩擦情况下运转，容易损坏，因此系统必须设有低压压力开关，当系统压力过低时会自动切断压缩机的电源。

对于设有电脑控制的空调系统，其压缩机的开停或水阀的开启度可满足空调系统处于最经济状态和所要求的各种冷暖状态。

为了解决汽车怠速、加速等运行工况时的动力匹配及散热器冷却问题，以往常常采用中止压缩机运行的办法，近来比较多地采用提高怠速转速的办法。

5. 汽车空调制冷原理

汽车空调制冷系统的组成如图 2-6 所示。

空调制冷系统工作原理：

1）压缩机在发动机驱动下旋转，将制冷剂压缩成高温高压气态制冷剂排出。

2）这些高温高压气态的制冷剂流入冷凝器，在冷凝器冷却风扇作用下冷却，降低制冷剂的温度，将制冷剂的部分热量排入大气中，直至制冷剂降到沸点温度时，高温高压气态的制冷剂便转换为中温高压液态制冷剂。

3）中温高压液态制冷剂流入储液干燥器，储液干燥器过滤制冷剂中的杂质和吸收水分，并储存小部分的制冷剂。

4）过滤后的液态制冷剂流至膨胀阀进行节流，节流后的液态制冷剂立即变为低温低压

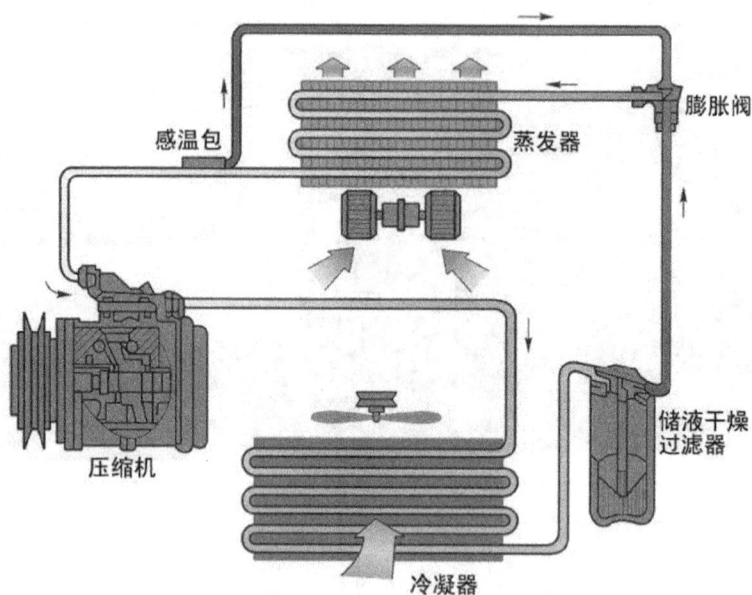

图 2-6　汽车空调制冷系统的组成

雾状的液/气混合物。

5）这种低温低压的液/气混合制冷剂在流至蒸发器后吸收了空气中的热量，由液/气混合态蒸发成气态。此后吸收了空气中热量的气态制冷剂经由压缩机的作用再次循环，压缩机将汽化了的制冷剂抽吸并压缩成高温高压的气体，又通过高压软管送向冷凝器。这样就完成了一个制冷系统的热力循环。

二、自动空调系统的组成

手动空调系统只按驾驶人所设定的鼓风机转速去运转，压缩机的通与断动作变化只按驾驶人设定温度去工作。它不能依据车内外温度的变化对冷气负荷做出任何修正动作。配气系统各个风门位置的变化也是由面板功能键通过拉索与风门刚性连接完成的。而在汽车运行中，太阳辐射、乘客热量、发动机余热等因素引起车内温度发生变化，要求现代汽车空调能予以自动修正控制。

为了减轻驾驶人的负担，避免手动调节的麻烦，现代汽车安装了自动控制空调。自动空调控制原理如图 2-7 所示。

自动空调与普通空调相比，具有以下优点：

1）自动空调装置的操作采用按键控制而不是采用旋钮或拨杆，操作方便快捷。

2）鼓风机转速无需调节，当车内温度与选定温度相差很大时，鼓风机高速运转，使空气流量增加以迅速调节车内温度，一旦达到选定温度，鼓风机则以低速运动。

3）所选车内温度通过冷风或暖风自动调节来获得。

4）自动控制程序控制供风分布，供风分布按照乘员的舒适性要求及当时气候情况来调节。

5）通过数字显示，实现了电子控制和调节，并可完成故障的自诊断功能。

6）温度调节部分出现故障时，由发光二极管显示。

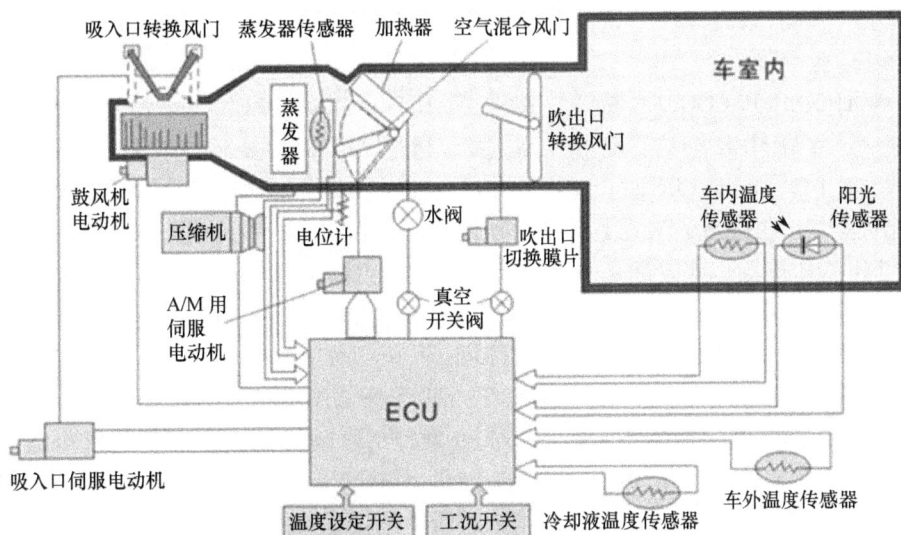

图 2-7　自动空调控制原理

1. 自动空调控制面板

自动空调控制面板如图 2-8 所示。

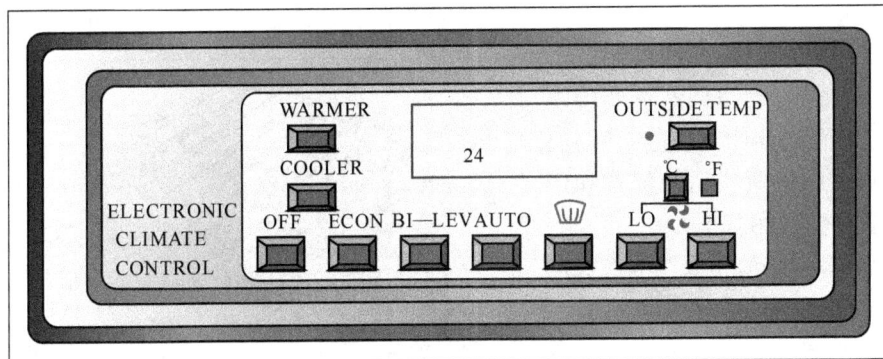

图 2-8　自动空调控制面板

（1）OFF 按键　按下此按键即关掉空调。新鲜空气不再进入车内，可防止车外废气及灰尘污染的空气进入车内。

（2）ECON（经济）按键　按下此按键，温度、鼓风机速度、暖风及新鲜空气的分配都自行自动调节，空调压缩机被关掉，只有新鲜空气或暖风通过鼓风机吹入车内。

（3）AUTO（自动）按键　此按键适用于各种天气状态，一旦达到显示的内部温度，空调鼓风机将以最低的转速运转；若温度发生变化，调节系统会通过改变鼓风机转速和调节温度门进行调节。天气寒冷时，暖空气从吹脚风道吹出，少部分暖空气吹到风窗玻璃上进行除霜。天热时，冷风从中央出风口吹出。

（4）BI—LEV（混合气）按键　其工作位置、温度、鼓风机转速的调节与 AUTO 方式相同，但空气的分配不同，暖风和冷风按给定的路线以相同的流量，从中央出风口和吹脚风道出风口吹出，只有少量空气吹到风窗玻璃上。

（5）⌷（除霜）按键　按下该按键，大部分空气通向风窗玻璃进行除霜、除雾。此时空调鼓风机以高速运转。

（6）WARMER 和 COOLER 按键　按键 WARMER 和 COOLER 用来控制车内温度在 18～29℃。按一下 WARMER 按键温度可升高 1℃，超过 29℃时，显示"HI"；按一下 COOLER 按键温度下降 1℃，低于 18℃时，显示"LO"。HI 和 LO 分别对应于全自动空调的最大供暖和最大制冷能力，在这两个位置上温度自动调节不起作用。

（7）LO—HI 按键　该按键是一个辅助功能键，为降低或提高鼓风机转速而设置。按下LO 或 HI 按键，空调鼓风机的转速就会下降或提高；如果要使 LO 或 HI 按键回位，取消其辅助作用，只要按一下其他任何一个按键即可。

（8）OUTSIDE TEMP 按键　OUTSIDE TEMP 为外部温度按键。按下此键，将显示外部温度值，同时该键左侧的检查指示灯亮。天气寒冷时，鼓风机只有当发动机冷却液加温到50℃时，才开始运转，以此保证具有良好的加热性。如果点火开关接通后约 1min，OUTSIDE TEMP 按键左边的指示灯闪亮，则表示空调系统有故障，如果在行驶中有故障，发光二极管同样也会显示。在外部温度按键的下方是温度指示选择开关和"℃""°F"按键。置于"℃"侧时，显示温度为摄氏温度；置于"°F"侧时，显示温度为华氏温度。

2. 自动空调传感器

（1）车外温度传感器　车外温度传感器也称环境温度传感器、外界空气温度传感器、大气温度传感器，是负热敏电阻，一般安装在前保险杠内或散热器之前，如图 2-9 所示。

1）**车外温度传感器的作用。**车外温度传感器是自动空调的重要传感器之一。它能影响到出风口空气的温度、出风口风量、模式门的位置和进气门的位置，其作用如下。

① 确定混合门的位置，从而决定了出风口的空气温度。车外温度传感器指示的车内温度越高，混合门就越朝"冷"的方向移动，出风口的温度就越低；反之，车外温度传感器指示的车外温度越低，混合门就越朝"热"的方向移动，出风口的温度就越高。

图 2-9　车外温度传感器

② 确定鼓风机的转速，从而决定了车内的空气温度。在制冷工况，车外温度传感器指示的车外温度越高，鼓风机的转速就越高；反之，车外温度传感器指示的车外温度越低，鼓风机的转速就越低。在供暖工况，车外温度传感器指示的车内温度越高，鼓风机的转速就越低；反之，车外温度传感器指示的车外温度越低，鼓风机的转速就越高。

③ 确定进气门的位置，从而影响到车内的空气温度与新鲜度。在制冷工况，车外温度传感器指示的车外温度较高时，进气门一般都处于内循环位置，随着时间的推移，车内空气温度的下降，进气门可以处于 20% 新鲜空气的位置或新鲜空气的位置。

④ 确定模式门的位置。

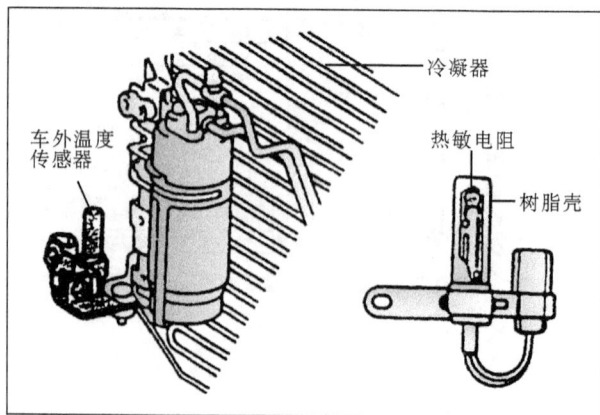

⑤ 控制压缩机。一般自动空调在环境温度低于某值(2℃)时,压缩机就不工作了。

2) **车外温度传感器的防假输入措施。**由于车外温度传感器一般都是安装在前保险杠内或散热器之前,极容易受到散热器温度、前面车辆的排气等环境因素的影响,因此,车外温度传感器包在一个塑料树脂壳内,以免对环境温度的突然变化做出反应。这将使其能准确地检测到车外的平均气温。除此之外,有些车型在空调电脑内部有防假输入电路,不同车型的防假输入电路是不同的。

上海别克的防假输入功能如下:外部空气温度传感器位于车辆前减振器下面的前护栅部位。供暖通风空调控制器用该传感器接收环境温度信息。根据该信息,供暖通风空调控制器向驾驶人提供外界空气温度数字显示。若外界温度增加,所显示的温度只有在如下条件下才能随之增高。

① 车辆以高于32km/h(20mile/h)的速度行驶约2min。

② 车辆以高于72km/h(45mile/h)的速度行驶约1min。

这些限制有助于防止错误读数。若所显示的温度下降,外界温度显示将立刻更新。若车辆已熄火超过3h,车辆起动时,将显示当前外界温度。若车辆已熄火不足3h,将恢复车辆上次操作时的温度。

3) **车外温度传感器的检测。**车外温度传感器的电路如图2-10所示。拆下传感器的插接器,在线束侧应能测量到5V的直流电压,否则线束不良或空调电脑不良。

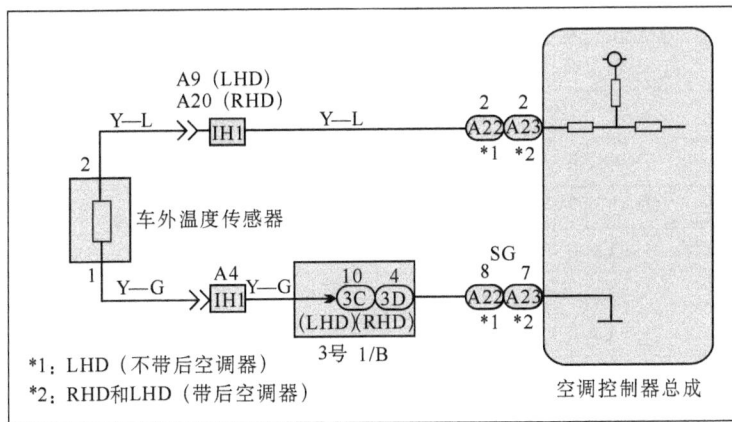

图2-10 车外温度传感器

① 检查传感器电阻,如图2-11所示。把万用表接到车外温度传感器上。测量传感器电阻,并与车外温度传感器标准数值(表2-1)对比。若一致,说明该传感器良好。

② 数值分析。有些车型的空调自诊断系统具有读取传感器数值的功能,若读取的数值与实际的车内温度不相同,车内温度传感器不良。详情请查阅各车型的维修手册。

③ 读取故障码。现在绝大多数的自动空调都能对车外温度传感器进行监控,有故障时,故障码会存储在记忆体里,供维修人员读取。有些车型在车外温度传感器有故障时,空调电脑会采用一个特定的默认值代替,以使空调继续工作。不同车型的默认值是不一样的,如上海别克的默认值为9℃。

④ 有些车型会在仪表或空调面板显示屏上显示环境温度,若显示的环境温度与实际的

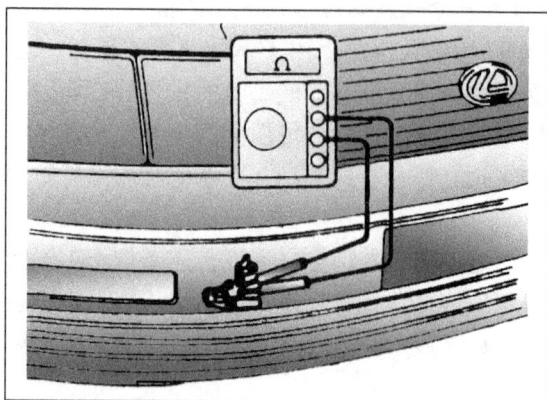

图 2-11　车外温度传感器的检测

环境温度不一样，则车外温度传感器不良。

表 2-1　车外温度传感器规格

车　型		20℃		30℃		40℃	
		电阻/kΩ	电压/V	电阻/kΩ	电压/V	电阻/kΩ	电压/V
日产		6.3	—	4	—	2.6	—
雷克萨斯		—	1.5~1.9	—	1.1~1.5	—	0.85~1.25
马自达		2.75	—	1.75	—	1	—
三菱		—	3.5	—	2	—	—
现代		40	—	30	—	—	—
奔驰	W124	3.1~3.9	—	1.9~2.3	—	1.4~1.6	—
	W129	3.1~3.9	—	1.9~2.3	—	1.4~1.6	—
	W140	3.2~3.6	2.6~2.9	2~2.3	2.0~2.4	1.5~1.7	1.4~1.8
	W210	2.6~2.9	—	2~2.4	—	1.4~1.8	—
	W202	11.9~13.2	—	7.7~8.4	—	5~6.2	—
沃尔沃		—	2.5	—	2	—	1.5

（2）阳光传感器

1）**阳光传感器的作用。**阳光传感器测量阳光的强弱，来修正混合门的位置与鼓风机的转速，如图 2-12 所示。

2）**阳光传感器的安装位置。**一般阳光传感器都是安装在仪表板的上面，靠近前风窗玻璃的底部。

3）**阳光传感器的特性。**阳光传感器是光敏电阻，阳光越强，电阻越小；阳光越弱，电阻越大。

4）**阳光传感器的电路。**阳光传感器电路如图 2-13 所示。

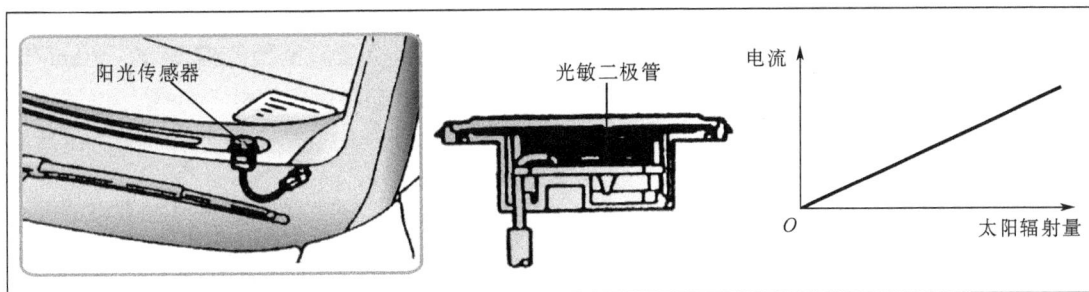

图 2-12 阳光传感器

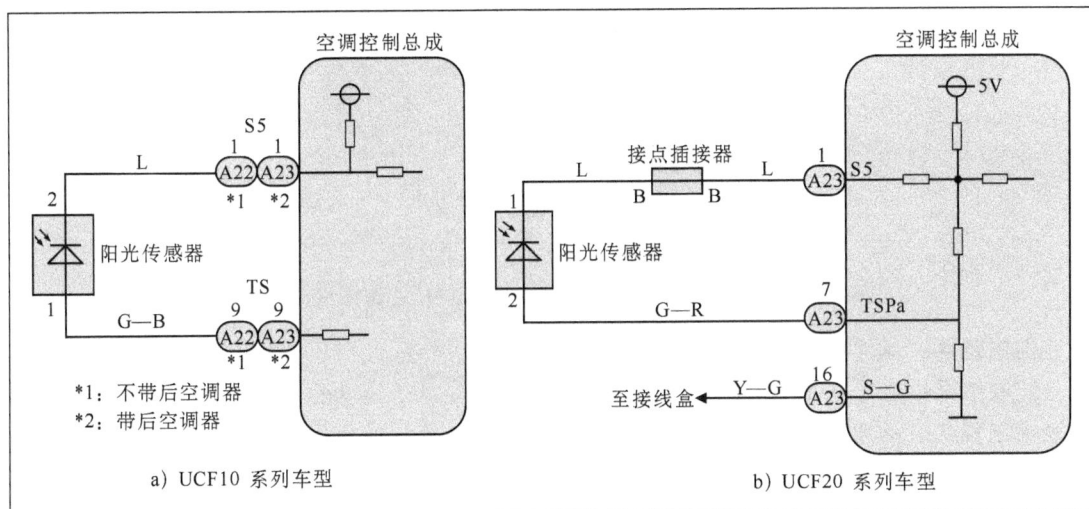

图 2-13 阳光传感器电路

① 电阻。在强光下测量，电阻为 4kΩ，用布遮住阳光传感器，电阻为 ∞ 。

② 电压。一般在强光下测量，电压小于 1V，用布遮住阳光传感器，电压大于 4V。

③ 读取故障码。现在绝大多数的自动空调都能对阳光传感器进行监控，有故障时，故障码会存储在记忆体里，供维修人员读取。

注意：在阳光不足的地方(如车间内)，读到阳光传感器的故障码是正常的。此时，可用 60W 的灯源距阳光传感器 25cm 照射来模拟阳光(图 2-14)，这时就应该读不到阳光传感器的故障码。

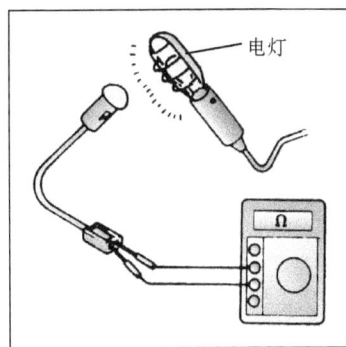

图 2-14 模拟阳光照射

(3) 空气质量传感器 空气质量传感器也称多功能传感器(multifunction sensor)。其主要功能是测量空气中的水分(空气湿度)、环境温度、外界空气污染程度(通过测量空气中的 CO、CO_2、NO_x 含量)，空调控制器采用以上的测量结果，去控制压缩机的工作负荷与进气的位置，如图 2-15 所示。

1）**控制进气风门位置**（车内空气质量控制）。人在车内会不断消耗氧气，产生 CO_2，为了防止人体缺氧，产生疲劳、头痛和恶心，车内每位乘客所需新鲜空气应为 $20\sim30\mathrm{m}^3/\mathrm{h}$，二氧化碳浓度应保持在 0.1% 以下。所以车辆在行驶过程中进气风门应处于外循环位置。但如果车辆行驶在多尘环境中，进气风门处于外循环，就会使车内空气更加不新鲜，所以此时进气风门应暂时处于内循环位置。

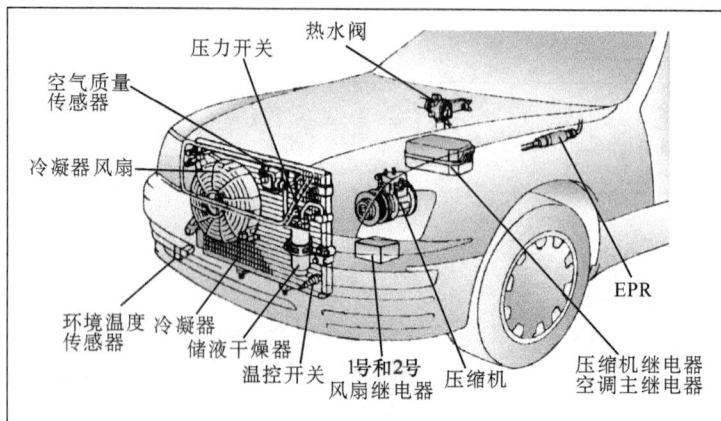

图 2-15　雷克萨斯 LS400 元件位置图

控制条件：环境温度大于 7℃；空调面板的指示灯点亮。

控制结果：要是空气质量传感器测量出的外界空气质量比车内平均空气质量（估算）差，空调控制器就依此控制进气风门处于 100% 内循环位置。

要是空气质量传感器测量出的外界空气质量比车内平均空气质量（估算）好，空调控制器就依此控制进气门处于外循环位置。

注意：

① 要是空调面板上的内循环控制按钮被按下，进气风门会强制处于 100% 内循环位置。

② 要是环境温度太高，进气风门就不论空气质量好坏，都处于 100% 内循环位置。

2）**控制压缩机功能**（车内空气湿度控制）。车内空气相对湿度一般维持在 30%~70% 为宜。若低于 30%，人会因为空气干燥而产生皮肤不适等不良反应；若高于 70%，人会因为空气潮湿而产生闷热等不良反应。

环境空气湿度高：要是环境空气湿度高，空调压缩机处于满负载状态，也就是使蒸发器表面温度处于最冷（大约 2℃）。由于空气流过蒸发器而被干燥（除湿）程度最好，若出风口温度过低，可使干燥后的空气通过热水芯加热来调节。

环境空气湿度低：若出风口空气温度不是很低，当环境空气湿度低时，空气压缩机处于较低负载状态，也就是使蒸发器表面温度高于 14℃。

3）**LS400 空气质量传感器的检测**（图 2-16）。

（4）**车内温度传感器**　车内温度传感器也称室内温度传感器、车内气温传感器。按强制导向型气流方式不同，可划分为两种：

① 吸气器型车内温度传感器（图 2-17）。

② 电动机型车内温度传感器（图 2-18）。

电压测试：
① 打开点火开关30s后
② $V_{D3S}=0.1\sim4.5V(10\sim35℃)$

电阻测试：
① 拆下空气质量传感器插接器
② 把传感器4号脚接蓄电池正极，1号脚搭铁
③ 30s后测量传感器2号与3号电阻应在$5\sim100k\Omega(10\sim35℃)$

熔丝

LG—R

空气质量传感器

B—O   9 9   B—O   15
EA1 H1
(LHD) (RHD)

IM5   A23 D3S   5V
10

空调控制器

LS400空气质量传感器的插接器

N—B 10 EA1 (LHD)
18 N1 (RHD)
Y—G

Y—G *1 *2 Y—G IM5 B J/C B A23 SG
15   Y—G J12 Y—G 6

*1：LHD→4C—21, RHD→4A—10   *2：LHD→4C—8, RHD→4A—2

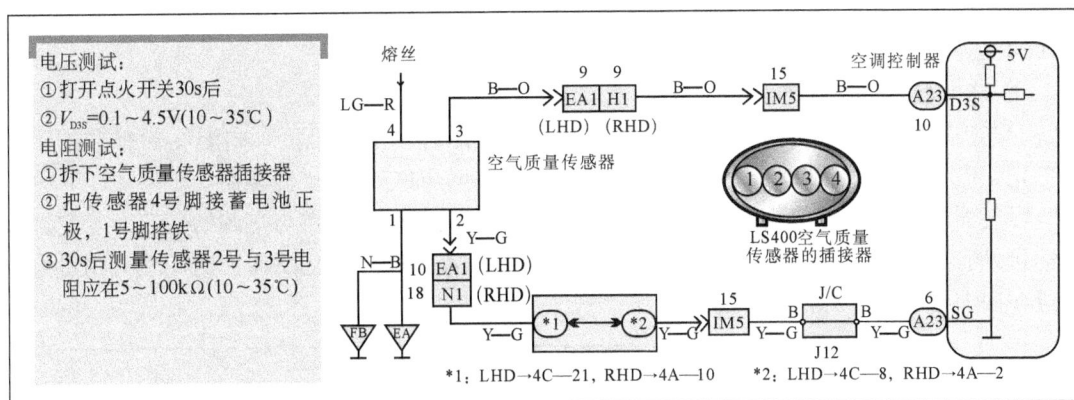

图 2-16 LS400 空气质量传感器电路图

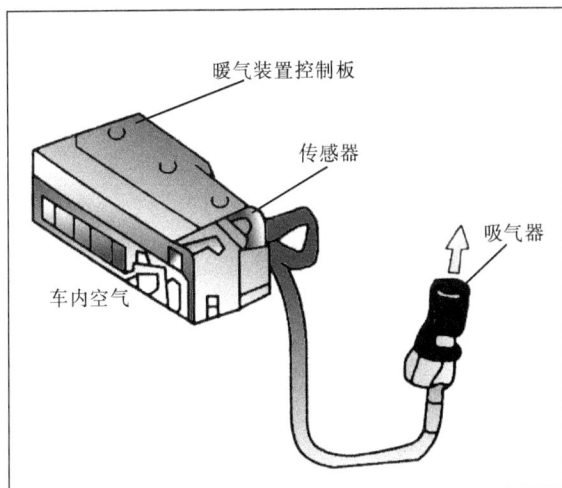

图 2-17 吸气器型车内温度传感器

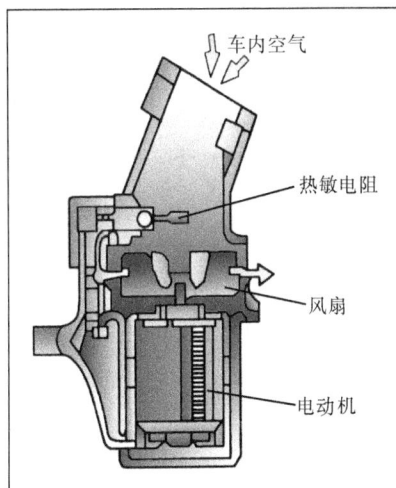

图 2-18 电动机型车内温度传感器

1）**车内温度传感器的作用**。车内温度传感器是自动空调的重要传感器之一。它能影响到出风口空气的温度、出风口风量、模式门的位置和进气门的位置。

① 确定混合门的位置，从而决定了出风口的空气温度。车内温度传感器指示的车内温度越高，混合门就越朝"冷"的方向移动，出风口的温度就越低；反之，车内温度传感器指示的车内温度越低，混合门就越朝"热"的方向移动，出风口的温度就越高。

② 确定鼓风机的转速，从而决定了车内的空气温度。在制冷工况，车内温度传感器指示的车内温度越高，鼓风机的转速就越高；反之，车内温度传感器指示的车内温度越低，鼓风机的转速就越低。在供暖工况，车内温度传感器指示的车内温度越高，鼓风机的转速就越低；反之，车内温度传感器指示的车内温度越低，鼓风机的转速就越高。

③ 确定进气门的位置，从而影响到车内的空气温度与空气的新鲜度。在制冷工况，特别是在刚开始制冷(车内空气温度高)，一般进气门都处于内循环位置。随着时间的推移，

车内空气温度下降，根据不同的环境温度，进气门可以处于20%新鲜空气的位置或新鲜空气的位置。

④ 确定模式门的位置。

2）**车内温度传感器强制通风装置的组成及工作原理。**电动机型车内温度传感器的工作原理是，电动机带动小风扇，风扇工作产生吸力，使车内空气流过传感器。

吸气器型车内温度传感器，有一根由风管连接车内温度传感器与空调的管道，与空调管道连接处有文杜利效应装置，鼓风机工作，空气快速流过就会产生负压。这样就有少量空气流过车内温度传感，如图2-19所示。

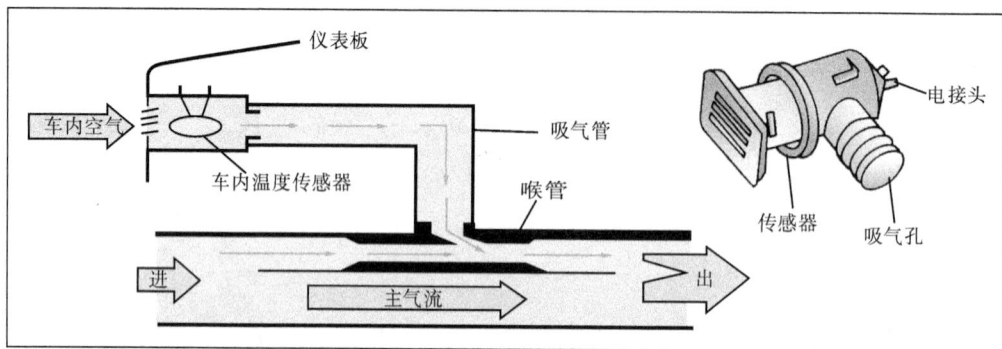

图2-19 吸气器型车内温度传感器示意图

3）**车内温度传感器的检测。**

① 常见车内温度传感器电路图如图2-20所示。

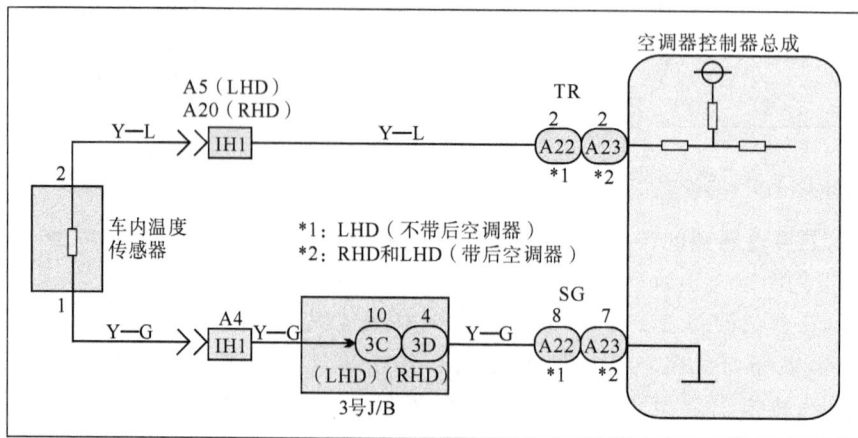

图2-20 车内温度传感器电路图

② 常见车内温度传感器应进行如下检测：

a. 检查车内传感器与电脑之间的线束。拆下车内传感器的插接器，在线束侧应能测量到5V的直流电压。否则，线束不良或空调电脑不良。

b. 检查传感器。车内温度传感器的外形和规格如图2-21和表2-2所示。

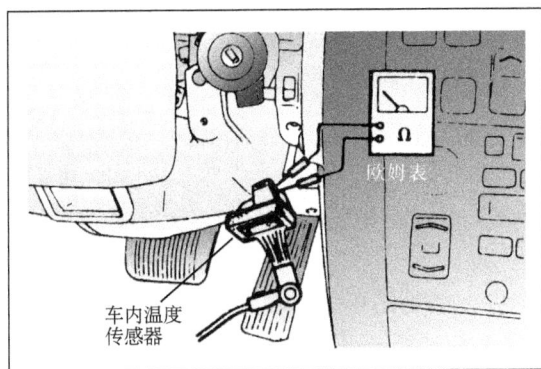

图 2-21 车内温度传感器

表 2-2 车内温度传感器规格

车型	20℃		25℃		30℃		40℃	
	电阻/Ω	电压/V	电阻/Ω	电压/V	电阻/Ω	电压/V	电阻/Ω	电压/V
奔驰	3200~3699	2.6~2.9	—	—	2050~2300	2.0~2.4	—	1.2~1.6
雷克萨斯	—	—	1600~1800	1.8~2.2	—	—	—	—
奥迪	3513	—	—	—	2237	—	—	—

③ 数值分析。有些车型的空调自诊断系统，具有读取传感器实时数值的功能。若读取的数值与实际的车内温度不相同，则车内温度传感器不良。详情请查阅各车型的维修手册。

④ 读取故障码。现在绝大多数的自动空调都能对车内温度传感器进行监控，有故障时，故障码会存储在控制单元内，供维修人员读取。有些车型在车内温度传感器有故障时，空调电脑会采用一个特定的默认值代替，以使空调继续工作。不同车型的默认值是不一样的，如上海别克的默认值为 53℃。

4）车内温度传感器强制通风装置的检测。

① 鼓风机高速运转。

② 将一小纸片（5cm×5cm）靠近车内温度传感器（图 2-22），若纸片被吸住，车内温度传感器强制通风装置良好。若没被吸住，则车内温度传感器如果是吸气器型，检测抽风管道是否密封；如果是电动机型，检测车内温度传感器抽风机及电路。该抽风机一般都由空调电脑来控制，在空调系统工作或点火开关打开时，抽风机就运转。

③ 车门半开开关。在某些空调系统中，驾驶人和乘客车门半开开关，将车门信号送至空调电脑。在汽车停下以后只要汽车有任何一扇门被打开，车门半开开关信号即被送到空调电脑，使它起动抽风机电动机，热空气经车内温度传感器吹

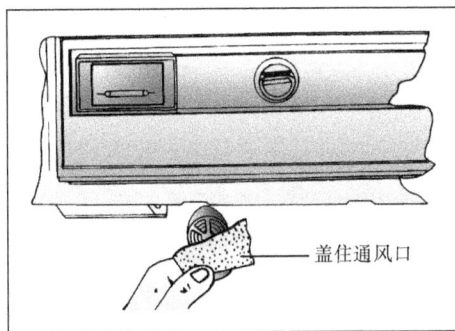

图 2-22 车内温度传感器通风装置检测

15

出。这个动作只有在车内温度高于某一规定值时才产生。

（5）蒸发器温度传感器

1）作用：蒸发器温度传感器如图 2-23 所示。

① 测量蒸发器表面温度，修正混合门位置。

② 测量蒸发器表面温度，控制压缩机，在蒸发器表面温度低于 0℃ 时，使压缩机不工作，防止蒸发器表面结霜。

图 2-23 蒸发器温度传感器位置

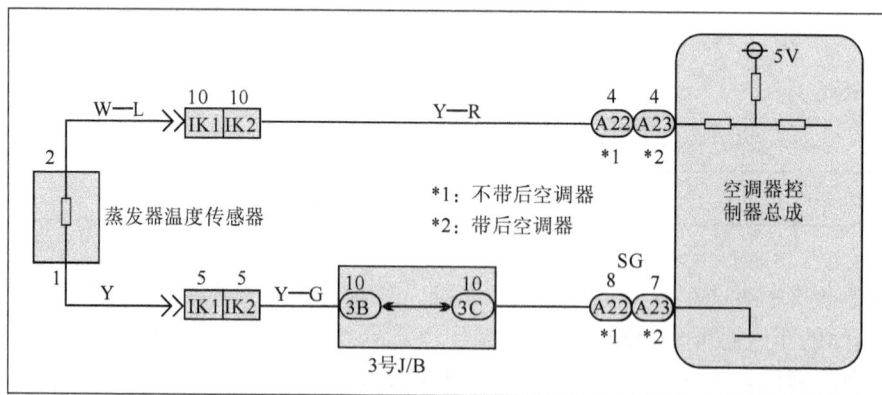

注意：有些车型有两个蒸发器温度传感器，一个用来修正混合门位置，另一个用来防止蒸发器结霜。

2）**蒸发器温度传感器的检测**（图 2-24）。

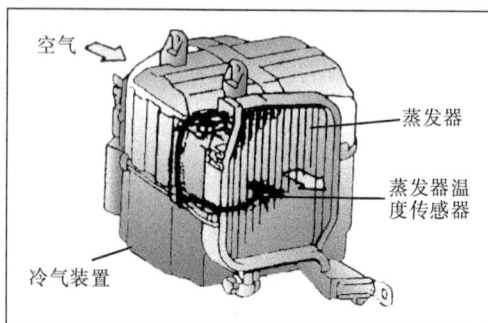

图 2-24 蒸发器温度传感器电路

① 检查传感器与电脑之间的线束。拆下传感器的插接器，在线束侧应能测量到 5V 的直流电压，否则线束不良或空调电脑不良。

② 测量传感器的电阻（图 2-25）。

③ 数值分析。有些车型的空调自诊断系统具有读取传感器实时数值的功能，若读取的数值与实际的车内温度不相同，蒸发器温度传感器不良。详情请查阅各车型的维修手册。

④ 读取故障码。现在绝大多数的自动空调都能对蒸发器温度传感器进行监控，有故障时，故障码会存储在记忆体里，供维修人员读取。

（6）冷却液温度传感器 冷却液温度传感器一般可以安装在暖风装置里面，如

图 2-25 蒸发器温度传感器的检测

注：0℃时：$R = 4500 \sim 5200\Omega$，$U = 2.0 \sim 2.4V$
15℃时：$R = 2000 \sim 2700\Omega$，$U = 1.4 \sim 1.8V$

图2-26所示。

1）作用

① 测量加热芯温度，修正混合门的位置。有些车型采用发动机冷却液温度传感器代替。

② 保护功能，防止发动机压缩机在高温下工作。有些车型采用发动机冷却液温度传感器代替，也有些车型采用冷却液温度开关代替。

③ 控制鼓风机。在冷却液温度过低时，系统会启动鼓风机的预热控制。也就是在冷却液温度太低，且属于供暖工况时，为了防止吹出的风是冷风，在冷却液温度低于系统设定温度时，鼓风机会低速工作

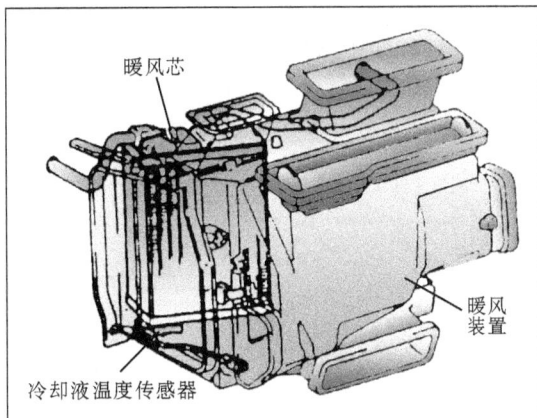

图 2-26　冷却液温度传感器位置图

或不工作。有些车型采用发动机冷却液温度传感器代替，也有些车型采用冷却液温度开关代替。

2）**冷却液温度传感器的检测。**雷克萨斯车系取得冷却液温度信号有两种方式，一种是采用单独的冷却液温度传感器，如图 2-27 所示；另一种是通过发动机电脑获得冷却液温度信号。

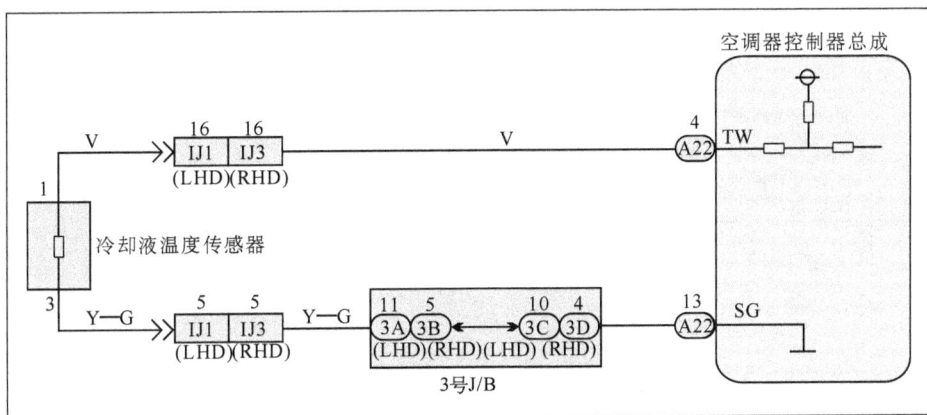

图 2-27　单独的冷却液温度传感器电路

① 检查传感器与电脑之间的线束。拆下传感器的插接器，在线束侧应能测量到5V的直流电压，否则线束不良或空调电脑不良。

② 传感器的检测。

a. 针对空调自带的冷却液温度传感器，可以测量其电阻，如图2-28所示。

b. 因为与发动机系统共用一个冷却液温度传感器，所以可通过发动机获得冷却液温度信号，并用示波器观察其波形，如图 2-29 所示。

③ 数值分析。有些车型的空调自诊断系统具有读取传感器实时数值的功能，若读取的数值与实际的车内温度不相同，蒸发器温度传感器不良。详情请查阅各车型的维修手册。

0℃ 时，电阻为 16.5～17.5kΩ
40℃ 时，电阻为 2.4～2.8kΩ
70℃ 时，电阻为 0.7～1.0kΩ

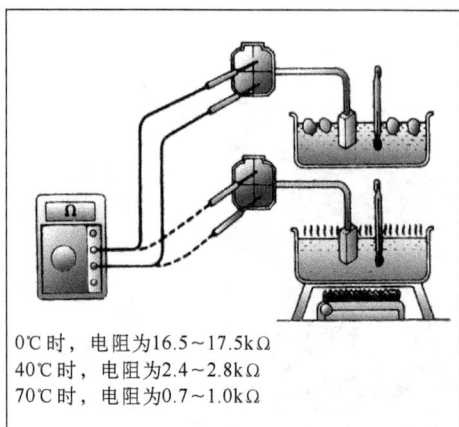

图 2-28 冷却液温度传感器检测

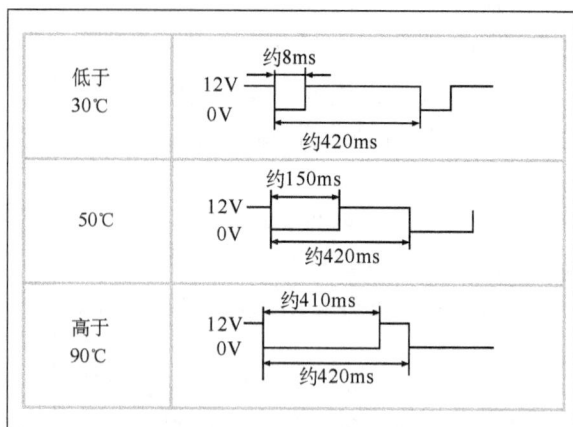

图 2-29 雷克萨斯 LS400 冷却液温度传感器的波形

④ 读取故障。现在绝大多数的自动空调都能对冷却液温度传感器进行监控，有故障时，故障码会存储在控制单元内，供维修人员读取。

（7）烟雾传感器

1）**烟雾传感器的作用**：烟雾传感器设在后空调装置内。当接通点火开关且空调处于 AUTO 方式时，烟雾传感器开始检测烟雾。同时将信号发送至空调电脑，使后送风机电动机以低速运转。

2）**烟雾传感器的电路示意图**，如图 2-30 所示。

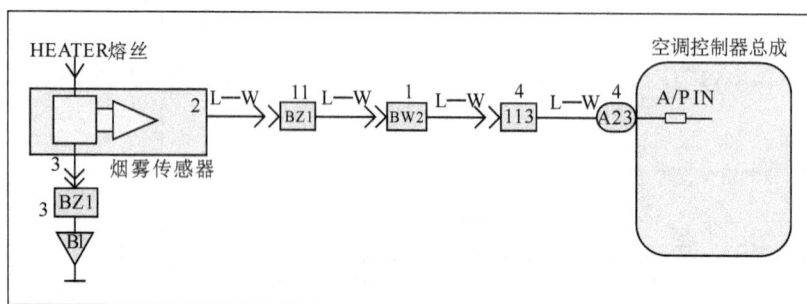

图 2-30 烟雾传感器电路示意图

3）**烟雾传感器的检测**。拆下空调控制器总成，但仍接通插接器，然后打开点火开关，测量有烟雾和无烟雾吹到烟雾传感器时端子 A/P IN 与车身搭铁间的电压，如图 2-31 所示。

3. 空调控制器

控制器分为两种类型：一种采用集成电路（IC），另一种采用微电脑。这些控制器称为系统放大器、自动空调器放大器或空调器电子控制单元（ECU）。

采用 IC 放大器控制的自动空调器，称为放大器控制型自动空调器；而采用微电脑的放大器或空调器 ECU 控制的，则称为微电脑控制型自动空调器，如图 2-32 所示。

4. 空调执行器

执行器包括鼓风机电动机、压缩机、风门伺服电动机等元器件，如图 2-33 所示。

状况	电压
有烟雾	约5V
无烟雾	约0V

ON
IG ON
接通

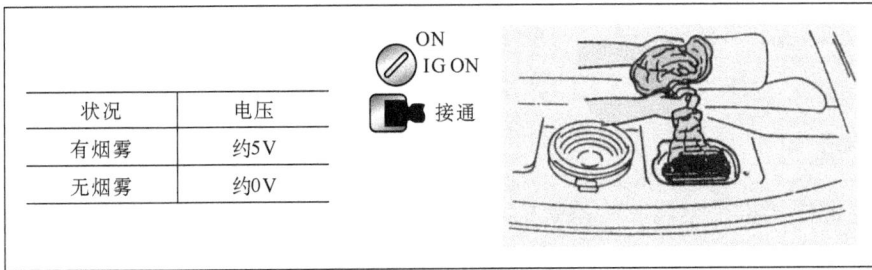

图 2-31　烟雾传感器的检测

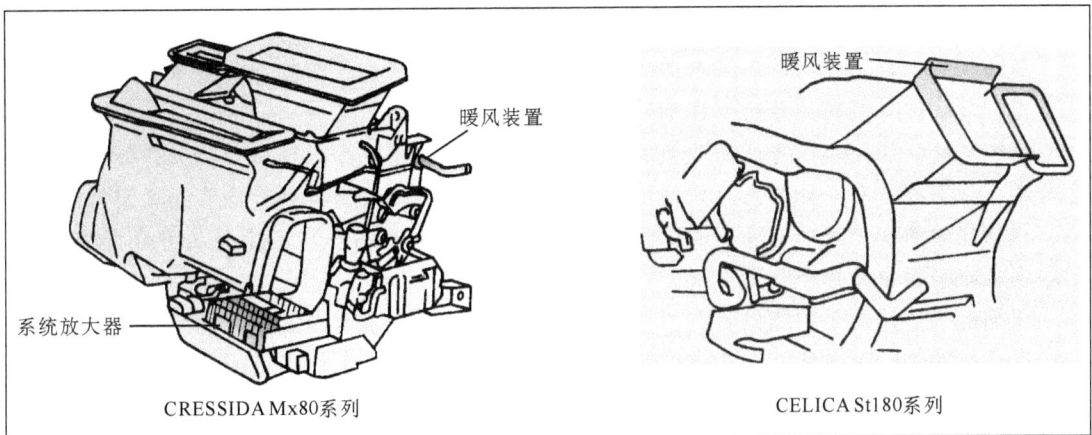

暖风装置

暖风装置

系统放大器

CRESSIDA Mx80系列

CELICA St180系列

图 2-32　微电脑控制型自动空调器

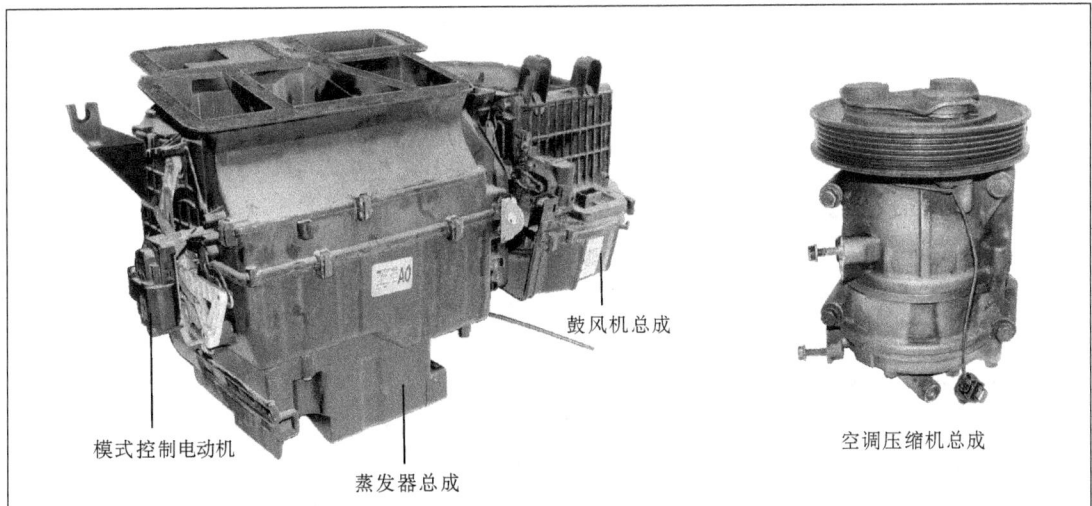

鼓风机总成

模式控制电动机

蒸发器总成

空调压缩机总成

图 2-33　执行器

第二节 汽车空调组件结构原理

一、压缩机

汽车空调压缩机是空调制冷系统的心脏，是维持制冷剂在制冷系统中循环流动的动力来源。

汽车空调压缩机吸入来自蒸发器的低温低压气态制冷剂，并压缩气态制冷剂，使其压力和温度提高，并将压缩后的制冷剂送进冷凝器。压缩机是制冷系统中低压和高压、低温和高温的转换装置。压缩机的正常工作是实现热交换的必要条件。压缩机有以下两个方面的功能：

压缩机的功能之一：使压缩机进口处制冷剂处在低压状态，节流后，适量的制冷剂进入蒸发器，吸收了车室内热量的制冷剂流出蒸发器。

压缩机的功能之二：将低压气态制冷剂压缩成高压气态制冷剂。压力的上升使制冷剂温度升高，对制冷剂在冷凝器内放热提供必需的条件。从压缩机出口到节流装置之间为高压部分，据物理学原理，液态制冷剂的压力增高时，其温度也升高。当温度和压力升得很高时，制冷剂在冷凝器中散热冷凝得很快。

压缩机的上述两个功能只要有一个失效，就会导致空调系统内的制冷剂无法循环，系统内没有适量的制冷剂循环，无法进行热交换，空调制冷系统将工作不良或根本不制冷，因此对压缩机的性能有以下要求：

1）在低速行驶或怠速时具有效率高、制冷能力强的特点；在高速行驶时要求输入的功率低。

2）体积小、重量轻。压缩机必须在发动机和散热器风扇之间的有限空间安装固定，有必要采用尺寸小、重量轻的压缩机。

3）耐高温和抗振动性好。在高温怠速情况下，发动机室里的压缩机温度可高达121℃，汽车行驶时颠簸振动很大，所以要求压缩机在这种情况下也能正常工作。

4）工作平稳。要求压缩机运转平稳，噪声低，对发动机的转速不产生较大的影响。

汽车空调压缩机主要分以下几类（图2-34）。

1. 曲轴连杆式压缩机

曲轴连杆式压缩机（图2-35）是一种发展历史较长、应用较为广泛的压缩机。压缩机的活塞在气缸内往复运动，使气缸容积不断变化，从而在制冷系统中起到了抽吸、压缩和输送制冷剂的作用。

曲轴连杆式压缩机有四个工作过程：

（1）压缩过程 活塞在曲轴的带动下在气缸内运动，当活塞运行到气缸内最低点（下止点）时，气缸内充满了由蒸发器吸入的制冷剂气体（图2-36）。

活塞上行时，进气阀关闭，而排气阀因缸内压力较低，不能被顶开，因此活塞上行，缸内体积减小，即气缸工作容积不断变化，密闭在缸内的制冷剂气体的压力和温度不断升高。当活塞上移到一定位置时，即缸内气体压力略高于排气阀上部压力时，排气阀便被打开，开始排气。制冷剂气体在气缸内从进气时的低压升高到排气时高压的过程，称为压缩过程。

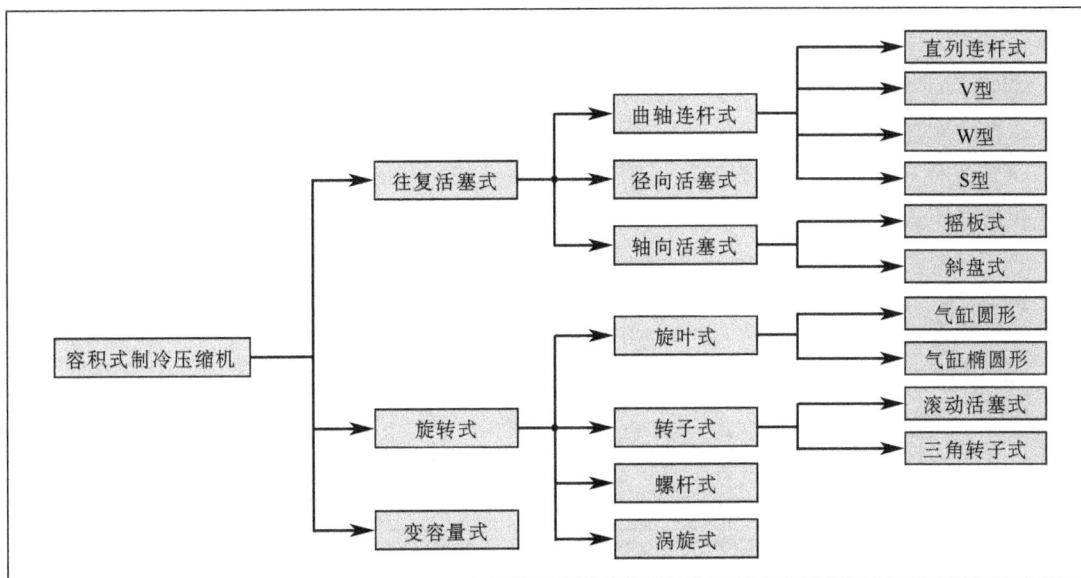

图 2-34　压缩机的分类

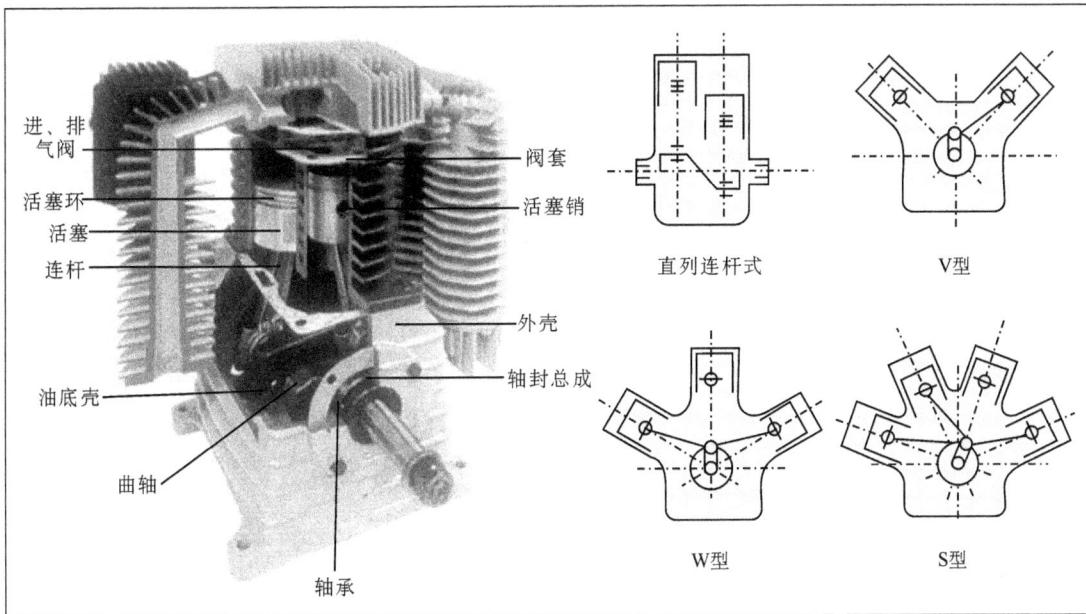

图 2-35　曲轴连杆式压缩机结构图

　　（2）排气过程　活塞继续向上运行，气缸内的制冷剂气体压力不再升高，而且不断地经过排气阀向排气管输出，直到活塞运动到最高位置（上止点）时排气结束（图 2-37）。制冷剂气体从气缸向排气管输出的过程为排气过程。

　　（3）膨胀过程　当活塞运行到上止点位置时，由于压缩机的结构工艺等原因，活塞顶部与气阀之间存在一定的间隙，该间隙所形成的容积称为余隙容积。排气过程结束时，该间

隙内有一定数量的高压气体，当活塞再下行时，排气阀已关闭，而进气阀并不能马上打开，进气管内的气体不能很快进入气缸，这是因为残留的高压气体，还需在气缸容积增大后膨胀（图2-38），使其压力下降到气缸内压力稍低于进气管道内压力时，进气阀才能打开。活塞从上止点向底部移动到进气阀打开的过程为膨胀过程。

（4）进气过程 活塞继续下行，进气阀打开，低压制冷剂气体便不断地由蒸发器经进气管和进气阀进入气缸，直到活塞下行至下止点为止，这一过程称为进气过程（图2-39）。

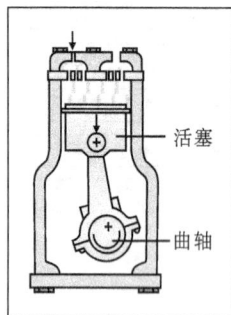

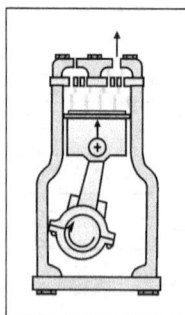

图2-36 压缩过程   图2-37 排气过程   图2-38 膨胀过程   图2-39 进气过程

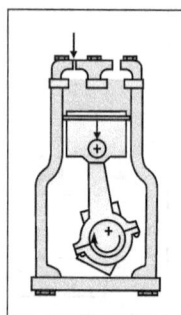

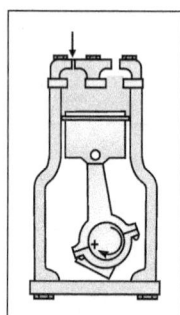

2. 斜盘式压缩机

斜盘式压缩机是一种轴向往复活塞式压缩机。目前，它是汽车空调压缩机中使用最为广泛的一种。国内常见的轿车，如奥迪100轿车、捷达轿车以及富康轿车皆采用斜盘式压缩机，作为汽车空调的制冷压缩机。

（1）结构 斜盘式压缩机结构如图2-40所示。

斜盘式压缩机的主要零件有缸体、前后缸盖、前后阀板和活塞等。它的斜盘固定在主轴上，钢球用滑靴和活塞的联结架固定。

钢球的作用：使斜盘的旋转运动经钢球转换为活塞的直线运动时，由滑动变为滚动。

这样可减少摩擦阻力和磨损，以及延长滑靴的使用寿命。如今斜盘和滑靴都以耐磨质轻的高硅铝合金材料替换了当初使用的铸铁材料，活塞也用硅铝合金。这样既提高了压缩机运动机件的质量，又提高了压缩机的转速。

图2-40 斜盘式压缩机剖视图

由于斜盘式压缩机的活塞双向作用，所以在它的两边都装有前、后阀总成，各总成上都装有吸气簧片和排气簧母片，且前、后缸盖上有各自相通的吸气腔和排气腔，吸、排气缸用阀垫隔开。

润滑方式有两种：

1）采用机油泵强制润滑，它用于豪华型轿车和豪华小型客车，具有较大制冷量的压缩机。

2）没有油底壳，没有机油泵，而是依靠润滑油和制冷剂一道循环，利用在吸气腔内因

压力和温度下降而分离出的润滑油来润滑压缩机各组件，很显然这与曲轴活塞压缩机类似。

（2）斜盘式压缩机的特点

优点：因为斜盘式压缩机无连杆结构，所以工作可靠，结构也很紧凑，体积小，重量轻，排气脉冲比曲轴连杆式小。由于它是轴向卧式结构，所以能方便地直接安装在发动机机体上，而不需要另配机架。

缺点：装配要求高，因为滑靴和钢球、活塞架之间的装配是很精密的，必须采用选配。而安装时，前后缸盖、前后阀板、主轴、活塞等都是用六角头螺栓紧固组装，这样不容易保证装配精度；另一方面，由于调整零配件较多，工作量大，技术要求高，这些都对工厂的加工装配提出了很高要求，一般工厂很难办到。

针对上述问题，近年来对斜盘式压缩机有了很多改进，如将前后缸体改为整体式缸体，使制造工艺和装配工艺都得到一定程度的简化。

（3）工作原理 如图 2-41 所示，斜盘式压缩机的工作原理如下：

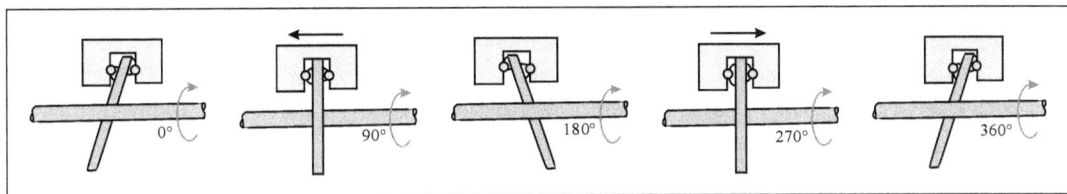

图 2-41 斜盘式压缩机工作示意图

当主轴带动斜盘转动时，斜盘便驱动活塞做轴向移动。由于活塞在前后布置的气缸中同时进行轴向运动，这相当于两个活塞在进行双向运动。即前缸活塞向左移动时，排气阀片关闭，余隙容积的气体首先膨胀；在缸内压力略小于吸气腔压力时，吸气阀片打开，低压蒸气进入气缸开始了吸气过程，一直到活塞向左移动到终点为止。当后缸活塞向左移动时，开始压缩过程，蒸气不断压缩，压力和温度不断上升。当压缩蒸气的压力略大于排气腔压力时，排气阀片打开，转到排气过程，一直到活塞移动到左边为止。这样斜盘每转动一周，前后两个活塞各自完成吸气、压缩、排气、膨胀过程，完成一个循环，相当于两个工作气缸。这意味着缸体截面均布三个气缸和三个双向活塞时，若主轴旋转一周，则相当于六个工作气缸。所以称这种三缸、三个双向活塞布置的压缩机为斜盘式六缸压缩机。

3. 旋叶式压缩机

旋叶式压缩机(也称滑片式压缩机)按气缸形式分为圆形和椭圆形两种，如图 2-42 所示。圆形气缸叶片有 2、3、4 片式，椭圆形气缸片式有 4 片和 5 片式。

在圆形气缸的旋叶式压缩机中，转子的主轴与气缸的圆心有一个偏心距离，使转子紧贴在气缸内表面的进、排气口之间。在椭圆形气缸中，转子的主轴和椭圆中心重合，转子的叶片和它们之间的接触线将气缸分成几个空间。当主轴带动转子旋转一周时，这些空间的容积发生扩大、缩小的循环变化，制冷剂蒸气在这些空间内也经历进气→压缩→排气的循环过程，压缩后的气体通过安装在接触线旁的簧片阀排出。

旋叶式压缩机没有进气阀，因为滑片能完成吸入和压缩制冷剂的任务。

对于圆形气缸，2 片叶片将空间分成 2 个空间，主轴旋转一周，即有 2 次排气过程；4 片叶片则有 4 次。叶片越多，压缩机的排气脉冲越小。

---

a) 四叶片圆形气缸旋叶式压缩机   b) 四叶片椭圆形气缸旋叶式压缩机

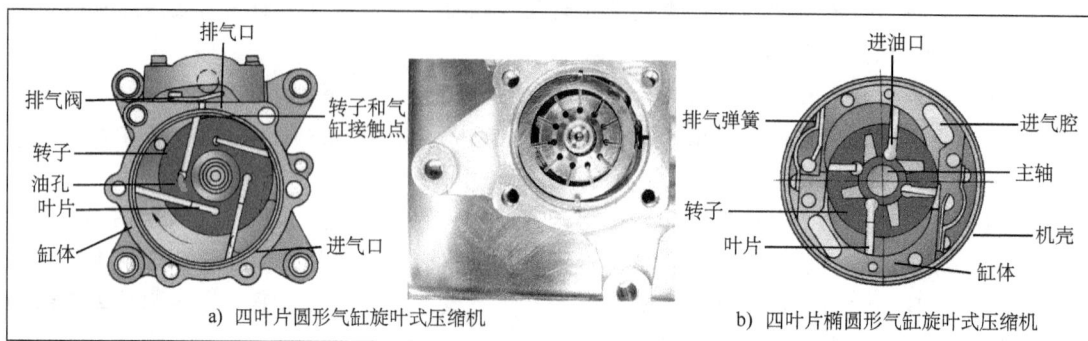

图 2-42　旋叶式压缩机

旋叶式压缩机的工作过程如图 2-43 所示。

1）压缩机轴带动转子组件旋转，转子组件上装有叶片，叶片与气缸臂接触，在相邻的两叶片之间形成了进气压缩的腔室，有多少个叶片则有多少个腔室。

2）旋转叶片经过进气口时，腔室的容积增大，吸入制冷蒸气，压缩过程开始于叶片刮过进气门，腔室容积减少，使制冷剂的温度和压力升高。

3）当叶片接近排气口时，腔室的溶剂接近最小，压缩后的制冷剂由排气口排向冷凝器。

进气开始　　继续进气　　进气结束　　排气开始（另一腔室进气过程）

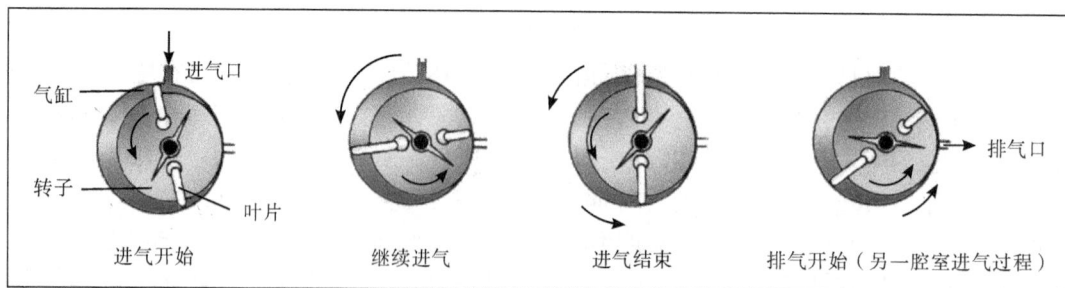

图 2-43　旋叶式压缩机工作顺序

4. 滚动活塞式压缩机

滚动活塞式压缩机主要由曲轴、气缸、滚动活塞、排气阀、进气口、滑片和弹簧组成，如图 2-44 所示。

优点：具有重量轻、体积小、零部件少、效率高、可靠性好以及适宜大批量生产等优点。与曲轴连杆式压缩机相比，重量为曲轴连杆式的 45%，体积为 44%，零件数为 62%，耗电量为 66%。

缺点：加工精度高，尤其在大型化时难以保证其精度；另外，在高转速和大功率时，单缸压缩机的振动及磨损会随之加剧。

滚动活塞式压缩机的工作原理：当滚动活塞处于图 2-45a 所示位置时，活塞外表面与气缸内表面形成一个月牙形空间(图中容积 VK)从蒸发器流入的低压制冷剂蒸气经进气口流入该空间(气室)。此时，由于该气室内为低压气体，排气阀处于关闭状态。

曲轴继续旋转，活塞在气缸内表面继续滚动，滑片在活塞上继续滑动，当活塞处于图

24

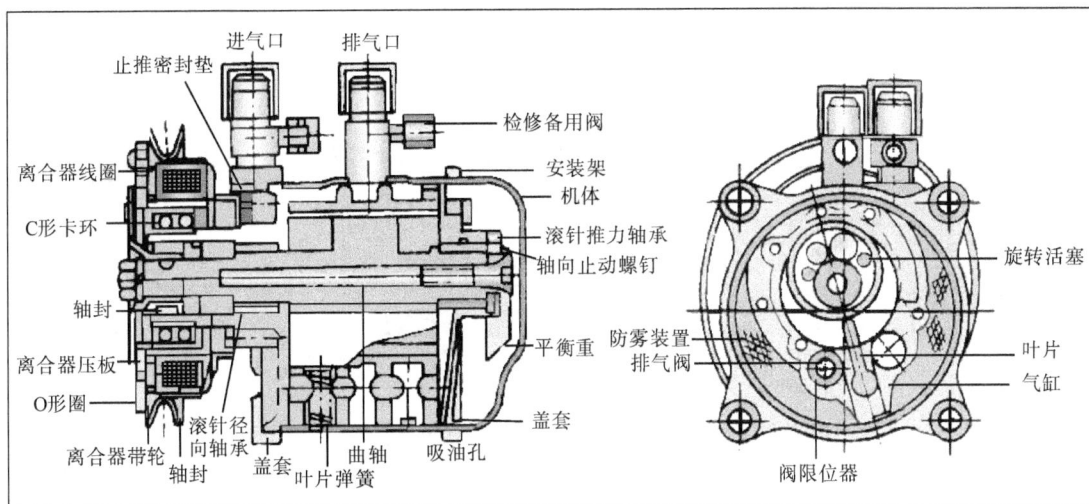

图 2-44　滚动活塞式压缩机

2-45b所示位置时，滑片、气缸及活塞将气缸内容积分成两个空间，滑片左侧与进气口相通的空间为低压室(图中容积 VR)，随活塞转动容积不断增大，吸入气体；滑片另一侧容积则由于活塞转动而使容积缩小(图中阴影部分)压力升高。

　　滚动活塞位于图 2-45c 所示位置时，滑片左侧容积扩大，吸入气体，而右侧容积继续缩小，压力升高。活塞位于图 2-45d 所示位置时，进气容积扩大，吸入更多的气体，同时容积缩小而使气体压力高于排气阀外气体压力，排气阀被高压气体压开，高压气体自排气阀排入冷凝器中。

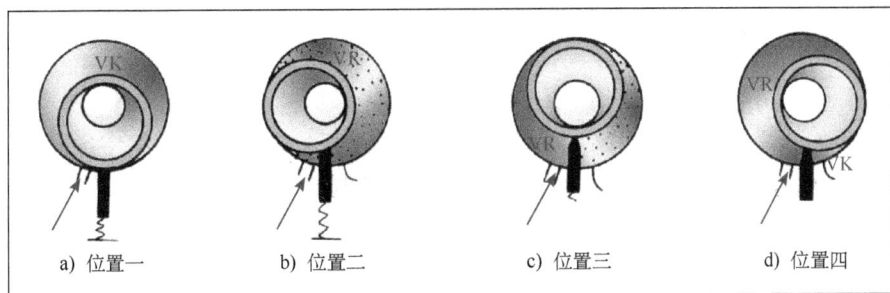

a) 位置一　　　b) 位置二　　　c) 位置三　　　d) 位置四

图 2-45　滚动活塞式压缩机工作过程

5. 可变排量压缩机

　　随着人们生活水平的提高，消费者对汽车的要求也越来越高，特别在安全性与舒适性这两方面，以往的压缩机无法满足不同条件下所需求的汽车空调负荷。1985 年，生产厂家将斜板式压缩机的斜板(摆盘)与压缩机主轴的角度变成可调节后，斜板式压缩机就变成了可变排量压缩机(图 2-46)。当斜板向与压缩机主轴垂直方向变化时，活塞的行程变短，排量减小，反之排量增大。

　　工作原理：轴向定位的活塞由一个可变角度的斜板(摆盘)所驱动，斜板的角度由置于压缩机盖背面的一个真空度腔室内膜片联动装置驱动，真空度腔室膜片一侧与压缩机的进气

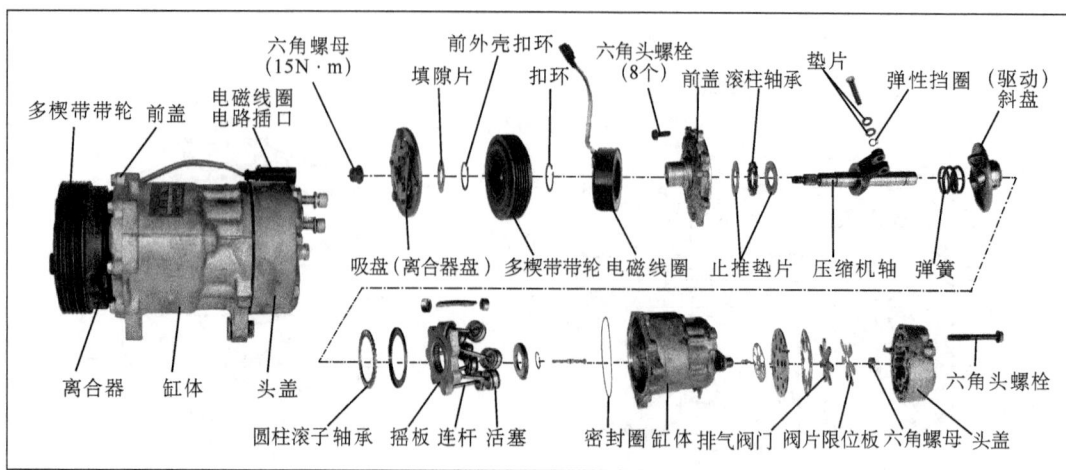

图 2-46 可变排量压缩机

口相通，另一侧与压缩机活塞下部腔室相通，斜板角度控制阀也接在活塞下部的腔室上。当空调制冷量要求提高时，进气压力高于控制点，控制阀使压缩机活塞下部腔室内的气体与进气侧相通，这样活塞下部腔室与进气管间没有压力差，压缩机会有最大的往复运动，斜板的角度在最大位置，提供给活塞以最大的冲程。

当空调的制冷量要求降低时，进气压力降到控制点，控制阀会将进气口与压缩机活塞下部腔室的通路隔断，并且使活塞下部腔室与压缩机出气口相通，自活塞下部的腔室注入压力较高的气体，使膜片两侧出现压力差，进而改变斜板的角度，减小压缩机排量，实现制冷量降低的要求。

二、热转换装置

当一个物体在另外一个静止物体表面进行急剧运动时，就会产生热量。在汽车空调中制冷剂在压缩机的压缩下变成高温高压的状态，而高温高压的制冷剂在管路中急剧运动产生热量，那么空调系统是怎样进行制冷的呢？这是通过热转换装置来完成的。

汽车空调常见的热转换装置有冷凝器和蒸发器。

1. 冷凝器

汽车空调制冷系统中的冷凝器是一种由管子与散热片组合起来的热交换器，其采用强制风冷式散热。

作用： 对压缩机排出的高压高温制冷剂蒸气散热（将热量排向大气）降温，使其凝结为液态高压制冷剂。

冷凝器按结构形式不同可分为管片式、管带式、鳍片式和平行流动式冷凝器。

（1）管片式冷凝器 管片式冷凝器由铜质或铝质圆管套上散热片组成。片与管组装后，经膨胀和收缩处理，使散热片与散热管紧密接触，以保证热传递的顺畅并与其他附件组合成为冷凝器总成。这种冷凝器结构比较简单，加工方便，但其散热效果差，一般用在大中型客车的制冷装置上。管片式冷凝器结构如图 2-47 所示。

（2）管带式冷凝器 管带式冷凝器是由多孔扁管与 S 形散热带焊接而成的。管带式冷凝

器的散热效果比管片式冷凝器好，其散热效果一般可提高 10%左右，但工艺复杂，焊接难度大，且材料要求高，一般用在小型汽车的制冷装置上。管带式冷凝器结构如图 2-48 所示。

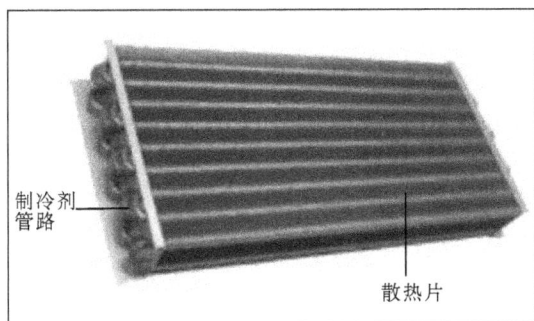

制冷剂管路

散热片

图 2-47　管片式冷凝器结构图

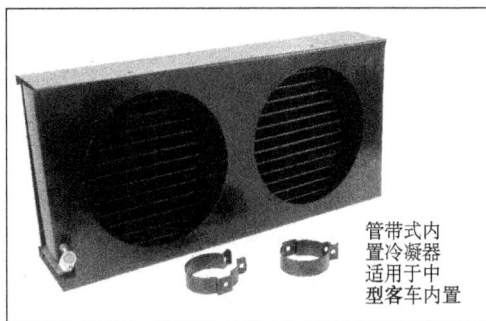

管带式内置冷凝器适用于中型客车内置

图 2-48　管带式冷凝器结构图

（3）鳍片式冷凝器　鳍片式冷凝器是扁平的多孔管道表面直接锐出鳍片状散热片，然后装配成冷凝器。

由于散热的鳍片与管子为一个整体，因而存在接触热阻，散热性能特别好。另外，管片之间无需复杂的焊接工艺，加工性好，节省材料，而且抗振性也特别好，是目前较先进的汽车空调冷凝器。鳍片式冷凝器结构如图 2-49 所示。

（4）平行流动式冷凝器　平行流动式冷凝器也是一种管带式结构，如图 2-50 所示。它由圆柱集管、铝制内肋扁管、波形散热翅片及连接管组成，是为适应 R134a 制冷剂而研制的新结构冷凝器。

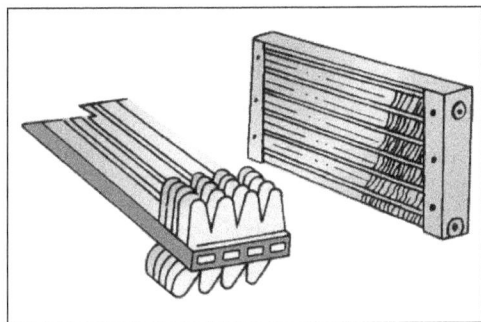

图 2-49　鳍片式冷凝器结构图

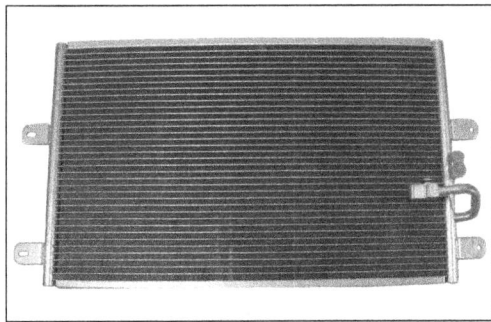

图 2-50　平行流动式冷凝器结构图

（5）冷凝器日常维护与维修

1）**日常维护：**

① 冷凝器的外部散热片应定期清理。因为灰尘、昆虫、树叶及外来其他异物积聚在散热片间，使空气不能通过，降低了冷凝器的散热能力，使制冷效率降低或不制冷。另外，冷凝器的散热片及盘管表面灰尘层和油层也会影响冷凝器的散热。

冷凝器散热片及盘管必须保持表面干净才有最好的散热性能，因此应经常对其进行检查清洁，并用软毛刷和水清洗。

注意：不要用硬毛刷和高压水清洗，不要弄弯散热片。

② 冷凝器的内部盘管泄漏也是常见故障，因为冷凝器承受高温高压，所以漏洞不宜自行采用焊接方法修理，通常要由专业修理人员修理，或发现冷凝器有泄漏后更换新品。

2）维修：在拆卸和安装冷凝器前，应拆除影响操作的其他附件，并对车辆表面涂层进行保护。

① 拆下顶盖固定机构和其他妨碍拆卸冷凝器的导线和部件。

② 拆下冷凝器顶部的制冷剂进入气管，并拆下管路与进口密封O形圈。

③ 拆下冷凝器底部的液态制冷剂流出管，并拆下管路与出口密封O形圈。

④ 拆下并保存好支撑冷凝器的连接螺栓及螺母，从车上取下冷凝器。

在安装冷凝器时要注意：在连接冷凝器的管接头时，要注意分清制冷剂的进口和出口。

从压缩机输出的高压气态制冷剂，必须从冷凝器上端进口进入，再流动到下部管道，冷凝成液态的制冷剂沿下方出口流出，进入储液干燥器。此顺序绝对不能接反，否则会引起制冷系统压力升高，冷凝器和压缩机胀裂的严重事故。同时，冷凝器在未装连接管接头之前，不要长时间打开管口的保护管，尽量缩短制冷系统的开放状态时间，以免潮气进入制冷系统内部。

2. 蒸发器

蒸发器也是一种换热装置，外形近似冷凝器，但比冷凝器窄、小、厚，其目的是为了在鼓风机的风力通过它时，能输送更多的冷气。它按结构分为管片式、管带式和层叠式等。

（1）管片式蒸发器 如图2-51所示，它由铜质或铝质圆管套上铝翅片组成，经胀管工艺使铝翅片与圆管紧密接通。其结构较简单，加工方便，但换热效率较差，翅片安装环翻片破裂是生产厂家遇到的最大难题。安装贴合不紧或破裂，都会使换热性变差。目前可采用共熔合金固化工艺制出新型铝合金高强度翅片，这种材料内含有直径为$2\mu m$的颗粒合金，因颗粒间距很小，阻碍颗粒的错位流动和塑性流动，于是材料强度得以提高，获得了良好成形性能，解决了翻片破裂问题。

（2）管带式蒸发器 如图2-52所示，管带式蒸发器由多孔扁管与蛇形散热铝带焊接而成，工艺比管片式复杂，需采用双面复合铝材（表面覆一层0.02~0.09mm厚的焊药）及多孔扁管材料。该种蒸发器的换热效率可比管片式提高10%左右。

（3）层叠式蒸发器 如图2-53所示，层叠式蒸发器由两片冲成复杂形状的铝板叠在一起组成制冷剂通道，每两片通道之间夹有蛇形散热铝带。这种蒸发器也需要双面复合铝材，且焊接要求高，因此，加工难度最大，但其换热效率也高，结构也最紧凑。采用R134a的汽车空调就应用这种层叠式蒸发器。

图2-51 管片式蒸发器

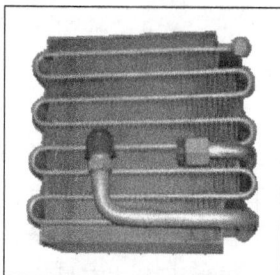

图2-52 管带式蒸发器

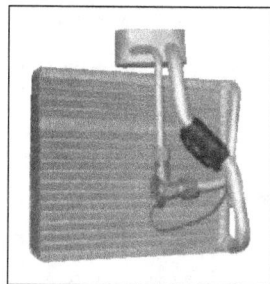

图2-53 层叠式蒸发器

（4）蒸发器的维护与检修

1）蒸发器的内部盘管泄漏是常见故障，泄漏处不宜自行采用焊接方法修理，要由专业修理人员修理，如发现蒸发器泄漏最好更换新品。

2）蒸发器的吸热片及盘管必须保持表面干净才有利于热交换，应经常检查保持清洁。如果蒸发器的外部吸热片堵塞（灰尘、油污等其他异物积聚在吸热片间）使空气不能通过，制冷效率降低，要用软毛刷（软布、棉纱）和清水清洗，注意不要用硬毛刷和高压水冲刷，不要弄弯吸热片。

3）蒸发器及连接管路内部压力较低，使用维护中尽量避免软管弯折角度过大或受到挤压导致管路不畅，充灌制冷剂时避免制冷剂污染，防止杂质进入系统。

注意：如果进入蒸发器的制冷剂过多（系统内加注制冷剂过多是由膨胀阀等节流装置失效等原因引起的），蒸发器就会出现溢出现象，制冷剂既不能很快沸腾也不能很快汽化，导致制冷剂压力及温度过高的不良制冷情况，甚至液态制冷剂直接进入压缩机，造成压缩机的压缩行程"压缩"了不可压缩的液态制冷剂，损坏压缩机。相反，如果制冷剂量过少，蒸发器会出现制冷剂缺乏，这是因为制冷剂进入蒸发器后很快沸腾或汽化而导致制冷效果不良。在此工况下，系统的过热现象很严重。

（5）蒸发器与冷凝器的区别　蒸发器是利用制冷剂的蒸发吸热作用，吸收车内空气中的热量，使车内空气温度降低。同时，液态制冷剂进入蒸发器后，制冷剂在蒸发器盘管内沸腾汽化由液态蒸发成气态。而冷凝器则是散发制冷剂蒸气的热量，使制冷剂由高温的气态凝结成中温的液态。

三、过滤装置和节流装置

1. 过滤装置

（1）储液干燥器　由于汽车空调正常工作时，制冷剂的供应量大于蒸发器的需求量，所以高压侧液态制冷剂有一定的储存量。同时，随着季节的变化，在系统不运行或检修、更换系统内的零件时，可以将系统中的制冷剂收入到高压侧进行储存，以免制冷剂泄漏。因此，在汽车空调制冷系统中，须设置储液干燥器或积累器。

储液干燥器由储液罐、滤网、干燥剂、易熔塞及观察窗等部分组成，如图2-54所示。

1）作用：

① **储液罐作用**：用来储存和供应制冷系统内的液体制冷剂，以便工况变动时能补偿和调节液体制冷剂的盈亏。一般来说，空调系统开始工作时的负荷量大，要求制冷剂的循环量也大。当工作一段时间之后，负荷将减少，这时所需的制冷剂量相应地减少。因此，负荷大时，储液干燥器中的液体制冷剂补充进来；而负荷小时，又可将液体制冷剂存储起来。同时，由于汽车空调系统的连接管使用橡胶连接软管，总有一定的制冷剂泄漏，故储液干燥器还可弥补系统中制冷剂的微量渗漏。

② **滤网作用**：制冷系统中，由于制造时没有处理干净而带入碎渣、尘土，或由于制冷剂的不纯净而带入脏物，也可能由于制冷剂对系统部件内壁发生侵蚀作用而脱落杂质，管道中也可能产生污物，如氧化皮之类，还有压缩机运行时的粉末磨屑等。所以，常常需要通过过滤来清除掉这些机械杂物和污物，保证制冷剂顺利流通，不致因堵塞而影响正常工作。

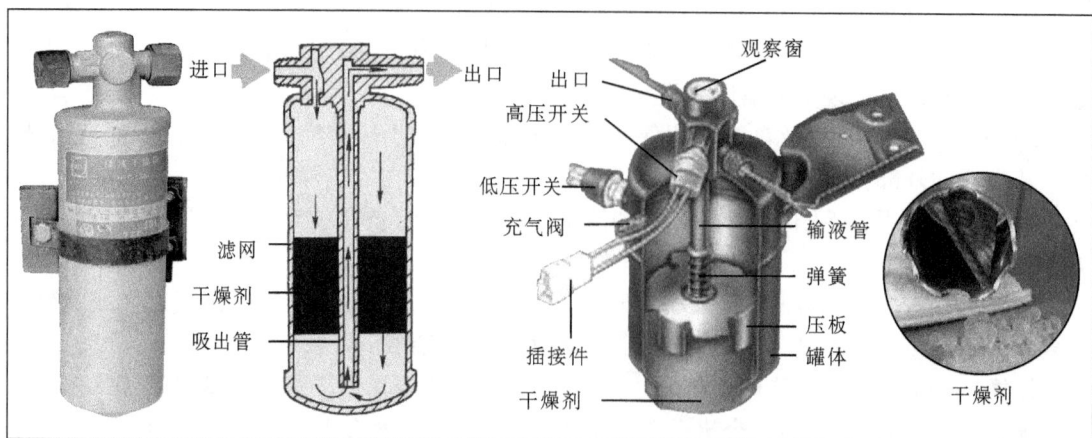

图2-54　储液干燥器典型结构示意图

③ **干燥剂作用**：用来吸收制冷剂中的水分。水分来源于制冷剂干燥不严格，或有空气进入，或冷冻油中溶解的水分。水分的存在有可能造成"冰堵"。

④ **易熔塞作用**：是一种安全措施，一般装在储液干燥器的头部，用螺塞拧入。螺塞中间是一种铜铝合金，当温度升到95~110℃时，易熔合金熔化，制冷剂逸出，避免了系统中其他部件的损坏。近几年主张用泄压阀替代易熔塞，其目的是保护环境。

⑤ **观察窗作用**：又称视液镜，有两个作用：一是指示系统中是否有足够的制冷剂；二是指示制冷剂中是否有水分。

2) **储液罐日常维护。**

① 储液干燥器的外部要清洁，应经常擦拭除去外部灰尘油污，保证散热良好和观察窗观察方便。应保持储液干燥器通风良好，不要将棉纱等物品放置在储液干燥器外壳与车体的空隙中。应保持储液干燥器的正常位置，不可任意扭转外壳角度，对连接管路避免外力冲击。

② 检查易熔塞是否熔化，各接头是否有油迹。

③ 检查观察窗是否有裂纹，固定处是否有油迹。

3) **安装储液干燥器注意事项：**

① 储液干燥器的拆装工具要合适，应保护好进出口螺纹。对直立式储液干燥器而言，安装时其垂直倾斜度不得超过15°。在安装新的储液干燥器之前，不得过早将其进出管口的包装打开以免湿空气侵入储液干燥器和空调系统内部，使之失去除湿作用。

② 安装前一定要先搞清楚储液干燥器的进出口端，防止装错。在储液干燥器的进出口端一般都打有记号，如进口端用英文字母 IN，出口端用 OUT 表示或直接打上箭头以表示进出口端。如果进出口相互接反，则会使制冷不足或不制冷，所以安装时应特别注意。

③ 在空调系统中的安装和维修工作中，储液干燥器必须最后一个接到系统中，这防止空气中的水分或其他杂质进入系统，造成"冰堵"或管路堵塞。

④ 特别注意，由于 R134a 与 R12 制冷剂性能不同，在装备时应备不同的储液罐，不能混用。通常 R134a 制冷剂系统常采用 XH—7 分子筛作为制冷剂的储液干燥器，连接口 O 形圈应采用与 R134a 相溶性的材料(如 HNBR 橡胶)。

(2) **积累器**　积累器也叫气液分离器或集液器/吸气储液器，它和储液干燥器类似。在

装有积累器空调系统的车上通常都有孔管(膨胀管、节流管或 CCOT 阀)。积累器装在蒸发器出口和压缩机进口之间，目的是为了避免制冷剂液体流入压缩机而发生"液击"现象，积累器的结构如图 2-55 所示。

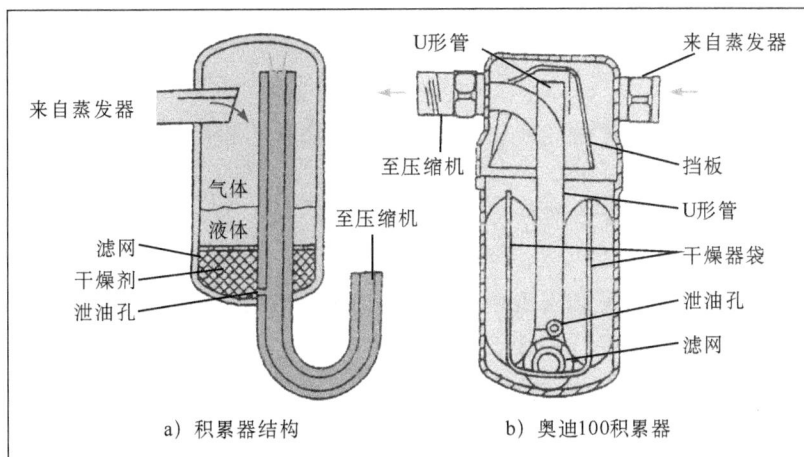

图 2-55　积累器的结构

1) **积累器的作用**：积累器能够捕获从蒸发器未蒸发成气态流出的液态制冷剂，防止它们进入压缩机，液态制冷剂进入压缩机会引起严重的损害。积累器的另一重要作用是其内部装有干燥剂，干燥剂能吸收因不恰当检修过程而进入系统的水分。干燥剂不能单独更换，若干燥剂失效，必须更换积累器整体。积累器内有一滤网，此滤网可防止落入系统内的碎屑进入循环。

2) **与干燥器的异同**：它与储液干燥器相同的一点为：都能吸收因不恰当检修过程而进入系统的水分，过滤杂质。

它们的不同之处为：积累器的空调系统因为孔管不能调节流量，它具有防止液态制冷剂进入空调系统液击压缩机的作用。积累器安装在蒸发器出口与压缩机制冷剂进口之间；而储液干燥器安装在冷凝器与膨胀阀管路之间。

(3) **液气分离器**　液气分离器如图 2-56 所示。

液气分离器的功能除了干燥、过滤制冷剂外，主要功能有如下两个：

1) 为了防止蒸发器未蒸发的 R134a(或 R12)进入压缩机。从蒸发器出来的未蒸发的 R134a(或 R12)在液气分离器再次蒸发后才进入压缩机。

2) 压缩机停止运行时，由于孔管不能关死，则高压侧的液态 R134a(或 R12)会产生液击，击毁压缩机。

只有在低压端设置一个体积比较大的液气分离器，将高压端流过来的液态制冷剂储存起来，不让其流至压缩机，这样才能做到压缩机重新起动又容易，又不

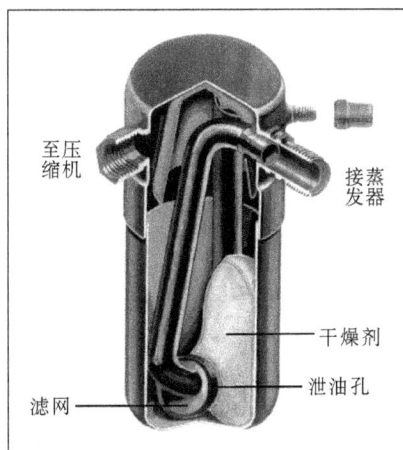

图 2-56　液气分离器

会发生液击现象。而装在分离器里的液态制冷剂在压缩机起动后会再蒸发。由于 CCOT 制冷系统设置了液气分离器，使压缩机起动容易，这是 CCOT 系统节能的根本原因。据有关资料报道，CCOT 系统比其他离合器循环制冷系统一般节能 15%，而比蒸发器控制的制冷系统节能则达 30%。由于压缩机重新起动容易，离合器的寿命和压缩机的寿命均延长一倍以上。另外由于起动转矩小，压缩机损耗可以更加降低。

2. 节流装置

现代轿车最常用的节流装置有热力膨胀阀、H 型膨胀阀和孔管节流阀。前者多用于低中级轿车，后者多用于中高级轿车。

节流装置主要用来解除液态制冷剂的压力，使制冷剂能在蒸发器中变成蒸气，是系统高低压的分界点。

（1）热力膨胀阀 热力膨胀阀按结构可分为内平衡式与外平衡式热力膨胀阀，如图2-57所示。它通过其感温器能自动调节制冷剂的流量。

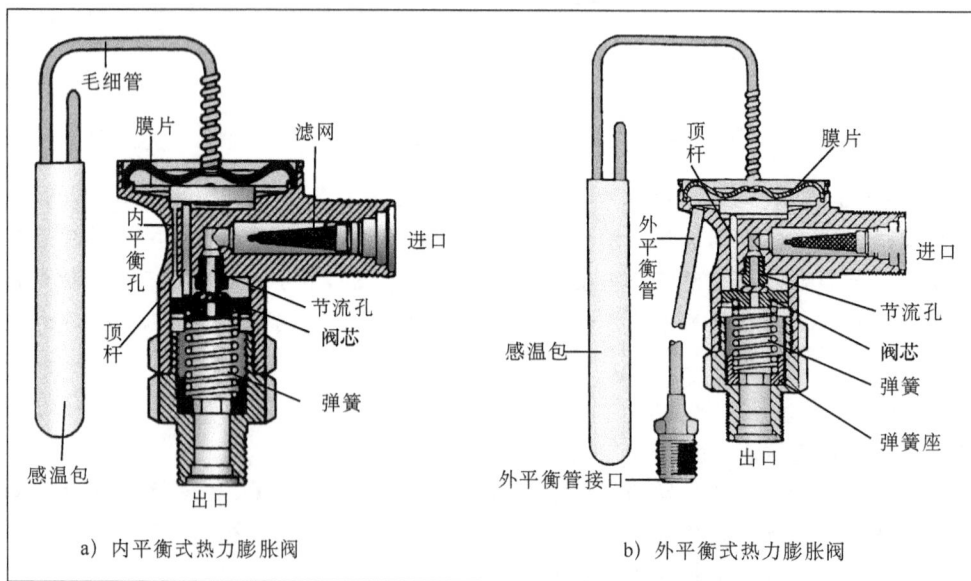

a) 内平衡式热力膨胀阀   b) 外平衡式热力膨胀阀

图 2-57 热力膨胀阀

热力膨胀阀是一种节流装置，它是制冷系统中自动调节制冷剂流量的元件，广泛应用于各种空调制冷系统中。热力膨胀阀的工作特性好坏直接影响整个制冷系统能否正常工作。

1）热力膨胀阀的作用：

① 节流降压。它使从冷凝器来的高温高压液态制冷剂节流降压成为容易蒸发的低温低压雾状制冷剂进入蒸发器，同时分开了制冷剂的高压侧和低压侧。

② 自动调节制冷剂流量。由于制冷负荷的改变以及压缩机转速的改变，要求流量做相应调节，以保持车内温度稳定。膨胀阀能自动调节进入蒸发器的流量以满足制冷循环要求。

③ 控制制冷剂流量、防止液击和异常过热发生。膨胀时以感温包作为感温元件控制流量大小，保证蒸发器尾部有一定量的过热度，从而保证蒸发器容积的有效作用，避免液态制冷剂进入压缩机而造成液击现象，同时又能控制过热度在一定范围内。

2）内平衡式和外平衡式热力膨胀阀的区别：内平衡式热力膨胀阀是从蒸发器进口处导入平衡压力，而外平衡式则是从蒸发器出口处导入平衡压力。制冷剂在蒸发器中流动时产生压力损失不大，一般采用内平衡式热力膨胀阀，其结构简单，制造方便，价格也比较便宜。如果制冷剂在蒸发过程中流动损失大，造成压降大，则应采用外平衡式。根据一般经验，如果蒸发器进、出口压力差超过 0.014MPa，就应该选用外平衡式热力膨胀阀。这种阀本身结构比较复杂，制造和安装都比较麻烦，价格较高。

3）**膨胀阀的选配与安装**：膨胀阀的容量与膨胀阀入口处液体制冷剂的压力（或冷凝温度）过冷度、出口处制冷剂压力（或蒸发温度）及阀开度有关。所选的膨胀阀容量一定要与蒸发器的热负荷相匹配。

4）**安装膨胀阀时有下列要求：**

① 膨胀阀一般都应直立安装，不允许倒置，安装位置要尽量靠近蒸发器。

② 感温包一般安放在蒸发器水平出口管没有积液位置的上表面（积液还要蒸发，不能反映真正的过热温度，且温度也不稳定），要包扎牢靠，保证感温包与管子有良好的接触；接触面要清洁，并要紧贴，还要用隔热防潮胶带包好。必要时膨胀阀本体也用隔热胶带包好。

③ 外平衡管要装在感温包后边管段的上表面处，且保持适当距离。两者位置不能互换，因为有时会有少量液态制冷剂由平衡管流出，再进入吸气管，从而影响感温包处过热温度的准确性。

④ 调整膨胀阀时，必须在发动机正常运转情况下进行调整，并应由熟练的空调技术人员进行。

（2）**H 型膨胀阀** 前面所述的热力膨胀阀因其形状像英文字母"F"而简称为 F 型膨胀阀，而 H 型膨胀阀则因其通道像字母"H"而得名。

1）**H 型膨胀阀的结构。**H 型膨胀阀是一种整体型膨胀阀，又称块阀。

H 型膨胀阀的结构有好几种，有的彻底取消了感温包，如图 2-58 所示；有的将感温包缩到阀体内的回气通路上，如图 2-59 所示，从而提高了阀的工作灵敏度，但这种阀加工难度较大。

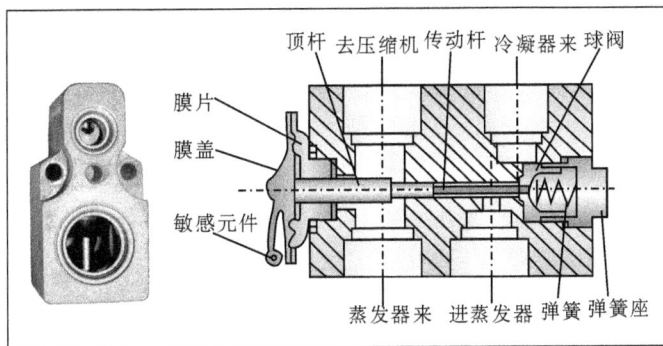

图 2-58 H 型膨胀阀

注：在膨胀阀的两侧各有两个管子接口，中间为阀的顶杆，阀体呈 H 型。剖面图左边为回
气通道，一侧接口接蒸发器出口，另一侧接口接压缩机进气口；剖面图右边为供液通道，
一侧接口与储液干燥器出口相连，另一个接口接蒸发器入口

有些 H 型膨胀阀还带有低压保护开关和恒温器，如图 2-60 所示。该恒温器的温度传感

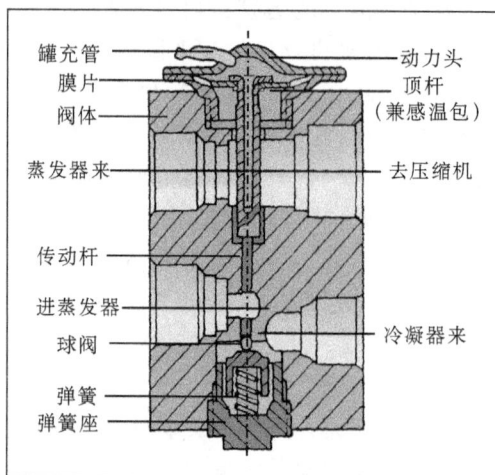

图 2-59　H 型膨胀阀剖视图

器不是夹在蒸发器管片上，而是插入蒸发器出气管中的一个凹坑里，这个凹坑中放有润滑脂以增强感温管的感温能力。有些系统中，在恒温器上还加有控制按钮，可让驾驶人根据需要增加或减少制冷量。

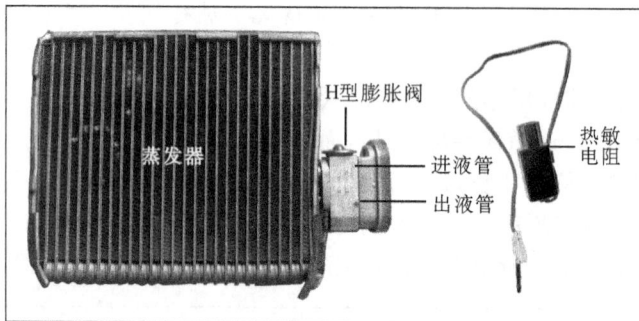

图 2-60　组合式 H 型膨胀阀

2）**H 型膨胀阀的工作原理**。H 型膨胀阀的工作原理与外平衡式 F 型膨胀阀相同。

3）**H 型膨胀阀的特点：**

① 系统回气直接通过阀体内腔作为感受信号，因此，它不仅可以省去外平衡管、毛细管和感温包，而且感受系统灵敏度得以提高。

② 无感温包、毛细管和外平衡接管。可免除因汽车颠簸、振动而使充注系统断裂外漏以及感温包包扎松动而影响膨胀阀的正常工作，提高了膨胀阀的抗振性能。

③ 由不锈钢膜片和不锈钢外壳焊接成可拆式动力头，不仅强度高、寿命长，而且充注容积比带有毛细管、感温包系统的小得多，因此，它的充注系统的热惯性极小，与同样的"MOP"充注的阀相比，其开阀特性曲线斜率要大得多，适合汽车空调起动时降温速度快的要求。

④ 静止过热度调整为外调式，便于系统匹配调试。

（3）**孔管节流阀**　安装在蒸发器进口管中，靠蒸发器进口管上同一截面处的三处压痕

固定。其两端都装有滤网，以防止系统堵塞。孔管不能改变制冷剂流量，液态制冷剂有可能流出蒸发器出口。因此，装有孔管的系统必须在蒸发器出口和压缩机进口之间安装一个积累器，实行气液分离，以防止液态制冷剂冲击压缩机，如图2-61所示。

孔管是一根细钢管，它装在一根塑料套管内，在塑料套管外环形槽内装有密封圈，有的还有两个外环形槽，每槽各装一个密封圈，把塑料套管连同孔管都插入蒸发器进口管中，密封圈起到密封塑料套管外径和蒸发器进口管内径间的配合间隙。系统内的污染物集聚在密封圈后面，造成堵塞，严重时还会堵塞孔管，滤网维护时只能清理滤网。孔管如出现积垢或滤网破裂，不能清理或修复，只能更换。

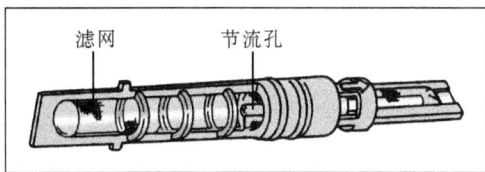

图 2-61 孔管节流阀

四、控制装置

1. 空调控制面板

空调控制面板如图2-62所示。

图 2-62 空调开关控制面板

循环键：

选择内循环开关时，其车内的空气在车内循环，这时车外的热空气进不到车内。当打开内循环空调时，应选择内循环模式，只有这样室内温度才下降得快。

车外的新鲜空气在鼓风机的带动下就会进入车内。

空调开关：

当空调开关A/C打开时，A/C开关指示灯会亮，此时压缩机电磁离合器吸合，压缩机开始工作。

功能键：

所有的风只从中央出风口吹向面部。

🔲 风会分两部分，一部分由出风口吹向面部，另一部分从下出风口吹向脚部。

🔲 风会从下出风口吹向脚部，只有少量的风吹向面部。

🔲 风会分两部分，一部分由除霜口吹向风窗玻璃，另一部分从下出风口吹向脚部。

🔲 风会从除霜口涌向风窗玻璃给玻璃除霜。

温度转换旋钮：

🔘 调整出风口的温度。

风量旋钮：

🔘 当打开鼓风机档位开关时，可以选择鼓风机的速度，并随着鼓风机档位的加大，鼓风机的转速会逐步增高。

注意： 如果有某一段电阻断路，可能会造成少一个风速档位。

位置 1 时，至电动机的电流须经过三只电阻，风机低速运行。

位置 2 时，至电动机的电流须经过两只电阻，风机中低速运转。

位置 3 时，至电动机的电流须经过一只电阻，风机中高速运行。

位置 4 时，至电动机的蓄电池的 12V 电流，所有电阻均退出电路，风机转速最高。

2. 压力开关

现代汽车空调系统一般都装有各种形式的压力开关。设置压力开关有两个目的：压力控制和系统保护。这些开关装在空调管道上或储液干燥器上，用来检测系统的工作压力，一旦压力异常的高或低，压力开关就会闭合或断开，这时空调系统会自动切断压缩机电路或控制冷却扇以加强散热效果。

常见压力开关主要有以下几种： 高压开关、低压开关、双重压力开关、三重压力开关等。

（1）高压开关 高压开关外形如图 2-63a 所示，它有两种形式，常开型和常闭型（图 2-63b、c），通常装在空调系统高压端，当系统压力过高时，压力开关动作，切断离合器电源或接通冷暖风扇高速档电路，加强散热，尽快降低系统温度和压力。

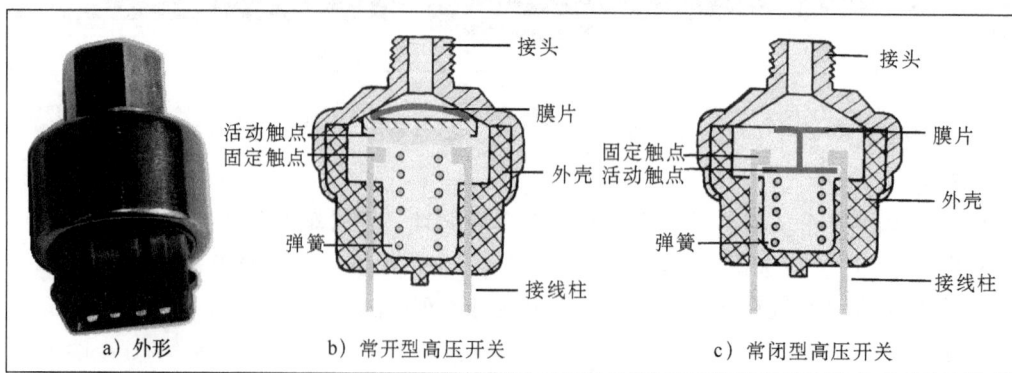

图 2-63 常开型和常闭型高压开关

（2）低压开关 低压开关有两种，一种设在高压回路中，主要目的是控制压缩机不要在缺少制冷剂的情况下运转，以免压缩机因缺乏润滑油而遭受破坏；同时，也起到低温环境

下停止压缩机运行的保护作用，以免在过低的环境温度下，制冷系统仍然工作而造成蒸发器表面结冰，并增加不必要的功耗。低压开关的保护动作是触点断开，切断离合器电路让压缩机停机。低压开关的工作范围：80~110kPa 时，断开；230~290kPa 时，接通。

另一种低压开关设在低压回路中，感受吸气压力，用来控制高压旁通阀的除霜作用，即当低压压力低达某一规定值时，接通高压旁通阀（电磁阀），让部分高温蒸气直接进入蒸发器，以达到除霜的目的。这种低压开关一般用于大型空调器。在正常运转时，高压旁通阀通路的接点一直是断开着的。

（3）双重压力开关　双重压力开关由一个高压开关和一个低压开关复合而成，它同时具有低压开关和高压开关的功能，结构如图 2-64 所示。

双重压力开关装在制冷系统的高压端，当系统制冷剂泄漏致使压力过低或已没有制冷剂循环时，双重压力开关中的低压开关动作，切断压缩机电磁离合器电源，以保护压缩机免受破坏。若由于散热不良等原因致使系统压力超过设计值，双重压力开关中的高压开关动作，切断压缩机离合器电源。

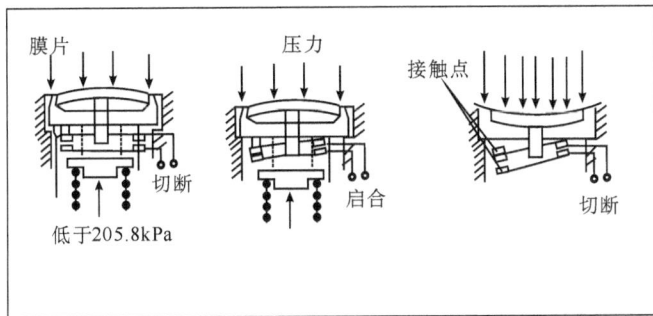

图 2-64　双重压力开关的结构

（4）三重压力开关　所谓三重压力，是指制冷系统高压侧压力过高、中压和过低三种压力状况。三重压力开关安装在系统高压侧的储液干燥器上，感受高压侧制冷剂压力信号。

1）三重压力开关的作用：

① 防止因系统制冷剂泄漏，高压压力过低而损坏压缩机。

② 当系统内制冷剂异常高压时保护系统绝不受损坏。

③ 在正常状况下，冷凝器风扇低速运转，实现低噪声，节省动力；在系统压力升高后（即中压时）风扇高速运转，以改善冷凝器的散热条件，实现风扇二级变速。

2）三重压力开关的结构及工作过程（图 2-65），以 R134a 制冷剂为例：

① 制冷剂压力 ≤0.196MPa 时，如图 2-65a 所示。由于隔膜、碟形弹簧和弹簧的弹力大于制冷剂压力，因此高低压接点断开（OFF），压缩机停转，实现低压保护。

② 制冷剂压力为 0.2~3MPa 时，如图 2-65b 所示。当制冷剂压力达到 0.2MPa 以上时，此压力高于开关的弹簧压力，使弹簧压缩，高低压接点接通（ON），压缩机正常运转。

③ 制冷剂压力 ≥3.14MPa 时，如图 2-65c 所示。当制冷剂压力达 3.14MPa 以上时，就会大于隔膜、碟形弹簧的弹力，使碟形弹簧反转，以断开高低压接点，压缩机停转，实现高压保护。

④ 中压压力开关,如图 2-65d 所示。当制冷剂压力>1.77MPa 时,压力就大于隔膜弹力,隔膜会反转,将轴推上,以接通冷凝器风扇(或散热器风扇)的转速转换接点,风扇以高速运转,实现中压保护。当压力降至 1.37MPa 时,隔膜恢复原状,轴下落,接点断开,冷凝风扇又低速转动。上海桑塔纳 2000 轿车、南京依维柯客车的空调采用了这种压力开关。

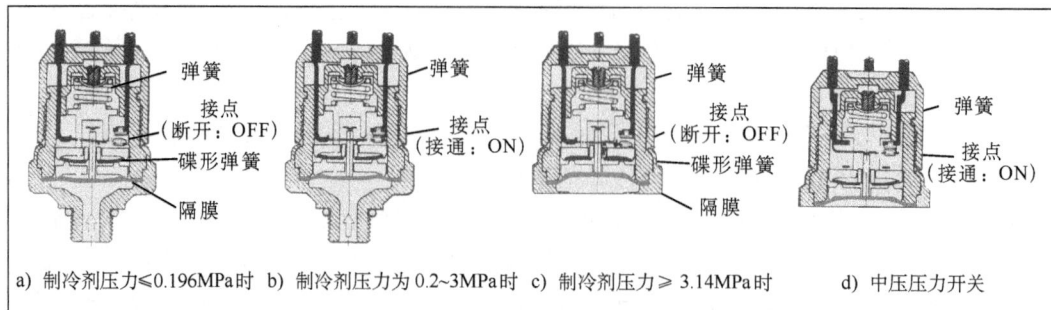

a) 制冷剂压力≤0.196MPa 时 b) 制冷剂压力为 0.2~3MPa 时 c) 制冷剂压力≥3.14MPa 时   d) 中压压力开关

图 2-65 三重压力开关的结构及工作过程

第三章

汽车空调制冷系统

第一节　汽车空调制冷原理

一、基本概念

1. 液化、汽化、凝结与沸腾

液化：由气态转变成液态的物理现象。此过程是放热过程，如图 3-1a 所示。

汽化：由液态转变成气态的物理现象。此过程是吸热过程，如图 3-1a 所示。

凝结：是汽化的相反过程，即当蒸气在一定的压力下冷却到一定温度时，它就会由气态转变为液态。此过程是冷却过程，如图 3-1b 所示。

沸腾：是在一定温度下从液体内部和表面同时发生的剧烈的汽化现象。

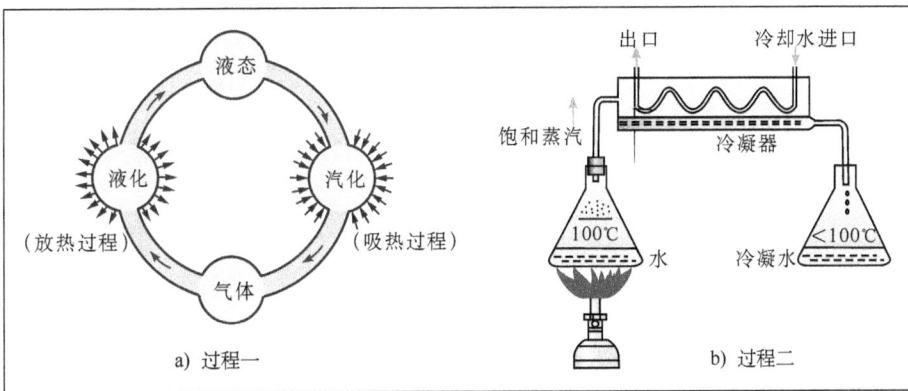

图 3-1　液化、汽化、凝结示意图

2. 热传导、热对流、热辐射

物理学中，两个相对运动的物体或一个物体在另外一个静止的物体表面做激烈运动时就会产生摩擦，有摩擦就会产生热量，而热量是消耗汽车能源的主要因素之一。

在汽车空调系统中，制冷剂在压缩机的压缩下，变成高温高压的液态制冷剂在管路中高速运动，导致发动机的工作温度升高，这将减短发动机的使用寿命并造成燃油量的消耗增加。

热量的传递主要有三种方式，如图 3-2 所示。

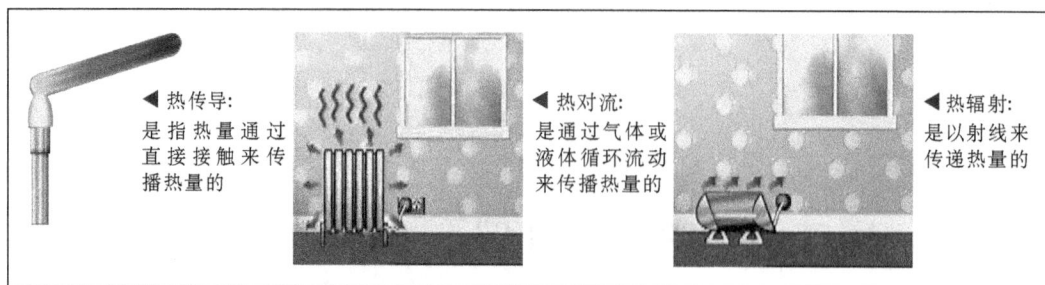

图 3-2　热量传递的方式

二、制冷原理

汽车空调系统制冷结构如图 3-3 所示。

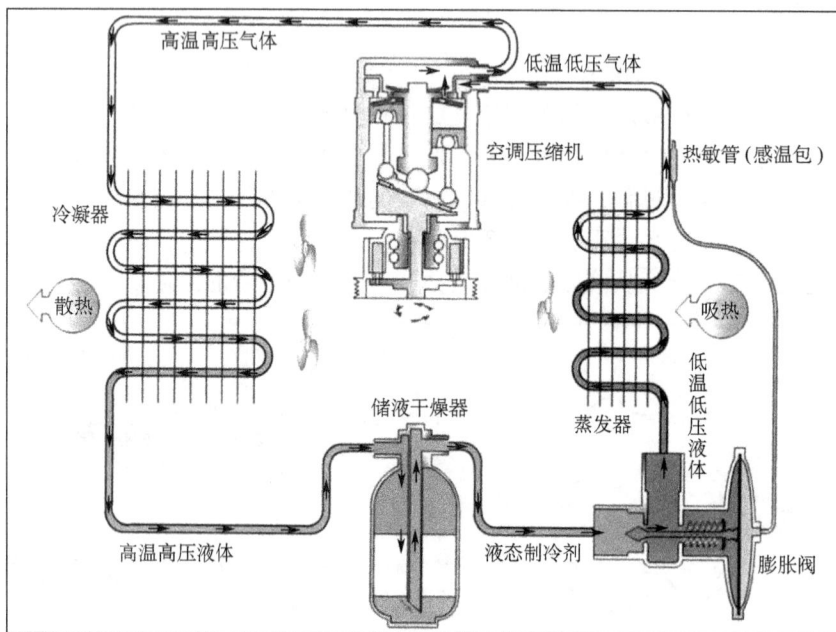

图 3-3　空调系统制冷结构

工作过程：

1）压缩机在发动机驱动下旋转，将制冷剂压缩成高温高压气态制冷剂排出。

2）这些高温高压气态的制冷剂流入冷凝器，在冷凝器冷却风扇作用下冷却，降低制冷剂的温度。将制冷剂的部分热量排入大气中，直至制冷剂降到沸点温度时，高温高压气态的制冷剂便转换为中温高压液态的制冷剂。

3）中温高压液态制冷剂流入干燥器，干燥器过滤制冷剂中的杂质和吸收水分，并储存小部分的制冷剂。

4）过滤后的液态制冷剂流至膨胀阀进行节流，节流后的液态制冷剂立即变为低温低压雾状的液/气态混合物。

5）这种低温低压的液/气态混合制冷剂在流至蒸发器后吸收了空气中的热量，由液/气混合态蒸发成气态。此后，吸收了空气中热量的气态制冷剂经由压缩机的作用再次循环，压缩机将汽化了的制冷剂抽吸并压缩成高温高压的气态，又通过高压软管送向冷凝器。这样就完成了一个制冷系统的热力循环。

第二节　常见汽车空调制冷系统的种类

无论是轿车还是大型客车，汽车空调制冷系统共有四种类型，即离合器恒温膨胀阀制冷系统、恒温膨胀阀—吸气节流阀制冷系统、储液器—阀组合制冷系统以及孔管式节流阀制冷系统。它们都是由压缩机、冷凝器、膨胀节流装置、储液干燥器及蒸发器五个基本部件组成的。

这四种系统的共同点在于：能防止蒸发器结霜，其中恒温膨胀阀—吸气节流阀制冷系统、储液器—阀组合制冷系统通过节流方法来减少压缩机的排气量，以防止蒸发器在低压下结霜。离合器恒温膨胀阀制冷系统、孔管式节流阀制冷系统，在蒸发器开始结霜时，通过压力开关或热敏开关使电磁离合器与压缩机脱开。

一、离合器恒温膨胀阀制冷系统

离合器恒温膨胀阀制冷循环系统，就是通过将恒温器设定在预定的温度范围，切断或接通电磁阀，使压缩机处于通断循环状态的一种控制系统。该系统一般使用在经济型中级轿车和货车上。离合器制冷循环系统根据使用膨胀阀的不同，包括如下几种制冷系统。

1. 内平衡式膨胀阀制冷系统的工作原理

图 3-4 所示是内平衡式膨胀阀制冷系统工作原理。首先压缩机将制冷剂压缩成高压蒸气，然后输送到冷凝器中进行冷却。在这个过程中，制冷剂将热量传递给环境后液化，在储液干燥器经过过滤、脱水后再被送至内平衡式膨胀阀内，节流降压后送到蒸发器蒸发、吸热。蒸发后的制冷剂低压蒸气被压缩机吸进后再度压缩，便进入了下一个循环。

当蒸发器的温度比较高时，内平衡式膨胀阀的节流孔相应开度较大，便可运送较多制冷剂到蒸发器，这样制冷量就增大。当蒸发器温度较低时，内平衡式膨胀阀输送的制冷剂到蒸发器便减少，蒸发器

图 3-4　内平衡式膨胀阀制冷系统工作原理

的制冷量就减小。但在蒸发器的温度下降到 0℃ 以下，吹出的冷风在 0~4℃ 时，恒温器便会自动切断离合器的电磁线圈回路中的电流，压缩机就停止运行，这样便可防止蒸发器发生冻结。结果就会导致蒸发器温度回升，但当温度升高到恒温开关设定的温度时，恒温器便会自动接合。离合器的电磁线圈又通电，压缩机又开始运行，蒸发器又进行供冷。内平衡式膨胀

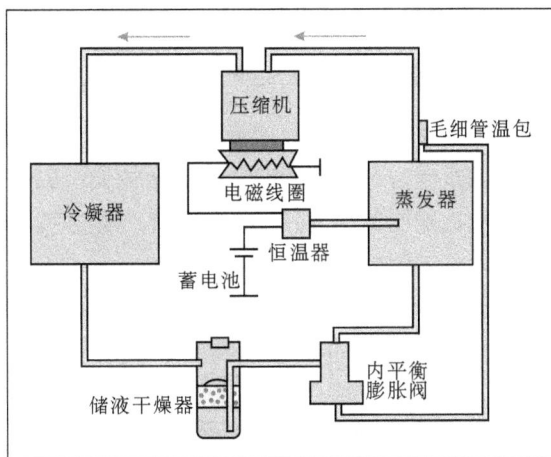

阀制冷系统便是这样通过恒温器和内平衡式膨胀阀的开度变化来控制蒸发器的温度，保证制冷系统的正常工作。

2. H 型膨胀阀制冷系统的工作原理

由于内平衡式膨胀阀制冷系统需要用毛细管来感测蒸发器出口温度高低的方法调节供应蒸发器的制冷剂流量，实际应用不太方便。特别是当毛细管比较长时，以及毛细管是间接感测蒸发器出口的温度，所以内平衡式膨胀阀控制精度受环境温度以及其他许多因素的影响，而采用 H 型膨胀阀制冷系统便解决了这一问题。

本系统是离合器制冷循环系统之一，它采用恒温器和 H 型膨胀阀共同完成制冷系统的循环通断运行。工作原理如图 3-5 所示。

压缩机首先将制冷剂压缩后输送到冷凝器冷却液化，经过储液干燥器后再进入 H 型膨胀阀，先进行节流减压，然后进入蒸发器蒸发吸热。制冷蒸发成气体后再次进入 H 型膨胀阀，从阀中出来后回到压缩机再循环。当蒸发器的温度过低时，感温器感测到后，恒温器切断离合器的电磁线圈电路，压缩机停止运行。温度升高后，恒温器又自动接通离合器电路，压缩机又开始运行了。由此可见，H 型膨胀阀同内平衡式膨胀阀一样，能够根据蒸发气体的温度来自动调节供给蒸发器的制冷剂量。H 型膨胀阀制冷系统已被许多著名的汽车厂家采用，例如北京切诺基吉普车、奔驰 230E 型汽车、克莱斯勒汽车等。

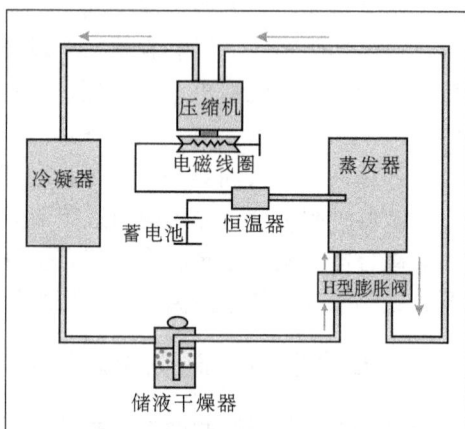

图 3-5　H 型膨胀阀制冷系统工作原理

二、恒温膨胀阀—吸气节流阀制冷系统

由于离合器恒温膨胀阀制冷系统是通过压缩机的间断工作来达到防止蒸发器结冰的目的，结果是使汽车空调的温度波动比较大，影响了其舒适性。另外，压缩机的频繁起动，也影响发动机工况的稳定，还易造成离合器的损坏。采用吸气节流阀的方式来控制的蒸发器压力制冷系统，便能克服这些缺点。

常见的吸气节流阀制冷系统有外平衡式膨胀阀—吸气节流阀制冷系统、外平衡式膨胀阀—先导阀调节吸气节流阀制冷系统和罐中阀—组合式先导阀调节吸气节流阀制冷系统三种。

1. 外平衡式膨胀阀—吸气节流阀制冷系统工作原理

它是应用外平衡式膨胀阀和吸气节流阀(STV)联合控制进入蒸发器的制冷剂流量，进而达到控制蒸发器的压力在 0.215~0.891MPa 之间工作，以保证蒸发器表面不结冰而不堵塞空气通路。

工作原理：如图 3-6 所示，压缩机将制冷剂压缩后先送到冷凝器冷却，然后经过储液干燥器干燥、过滤，经外平衡式膨胀阀的节流降压后，再进入蒸发器吸热蒸发，最后蒸发器出来的低压蒸发气经过吸气节流阀后，回到压缩机，制冷系统便按如此方式进行循环。

蒸发器制冷剂流量的控制由外平衡式膨胀阀承担，而蒸发器内制冷剂的蒸发压力则由吸气节流阀来控制，这表明，防止蒸发器表面结冰是由外平衡式膨胀阀和吸气节流阀联合控制来完成的。

外平衡式膨胀阀的感温包被装在蒸发器的出口处，以感测蒸发器制冷剂的温度。外平衡管将蒸发器的出口制冷剂的压力传送到外平衡式膨胀阀的膜片下部，来控制制冷系统流到蒸发器制冷剂的流量。蒸发器温度高，则流量大；温度低，则流量小。

蒸发器的制冷剂蒸发压力则由吸气节流阀控制。当蒸发器的温度下降到0℃时，吸气节流阀会自动关闭蒸发器的出口，这样只有极少量蒸气被压缩机吸进，以用来保持蒸发器的压力在0℃时对应的饱和应力，防止蒸发器结冰。

图 3-6 STV 阀制冷系统工作原理

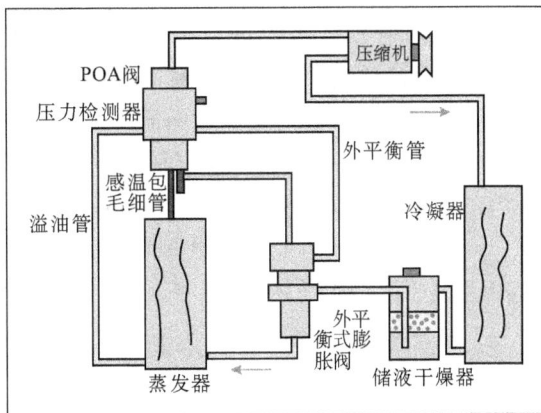

不过当蒸发器出口被关闭时，压缩机可能出现缺少润滑油而被损坏的现象。为了预防发生这种状况，在蒸发器的底部设置有一条溢流管流到压缩机，同时，也允许有少量的制冷剂通过溢流管进入压缩机。

传统空调制冷系统与循环控制制冷系统最大的区别是：当蒸发器温度降到0℃以下时，制冷系统，包括压缩机仍在运行；而循环离合器控制的制冷系统只有空调蒸发器的风扇在继续运行。传统空调的制冷系统，只要接通离合器的电源，制冷系统就不停地运行，不断地向车内输送制冷空气，车内的温度保持在一个平稳范围内，车内空气舒适性较好。当然，由于压缩机连续运行，就要不断消耗发动机的功率，所以相应地经济性较差，耗油量大。

2. 外平衡式膨胀阀—先导阀调节吸气节流阀制冷系统工作原理

由上述可知，STV 制冷系统有以下不足：

1）控制压力受海拔影响。

2）控制精度差。

3）主膜片容易泄漏制冷剂。

先导阀操纵的吸气节流阀基本上解决了上述问题，所以目前已取代了吸气节流阀而成为现代汽车应用的主要制冷系统。

先导阀操纵的绝对吸气节流阀的英文是 Pilot Operated Absolute Suction Throttling Valve，简称 POA 阀；它能把蒸发压力控制在±3.434kPa 的范围内。

工作原理：POA 制冷系统的工作原理与 STV 系统相差无几，仅用 POA 阀取代了 STV 阀，如图 3-7 所示。制冷剂经压

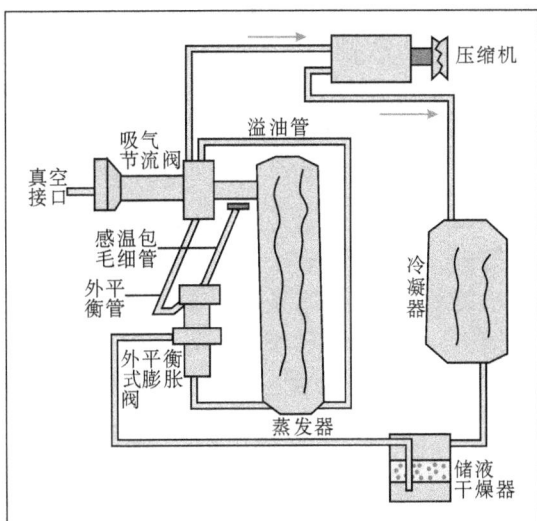

图 3-7 POA 制冷系统工作原理

缩、冷凝后，在外平衡式膨胀阀的节流、膨胀和控制下，进入蒸发器蒸发吸热。蒸发器出来的蒸气经过 POA 阀的压力控制后，再回到压缩机。

输送到蒸发器的制冷剂流量由外平衡阀来控制，蒸发器内的 R12 的蒸发压力和蒸发温度由 POA 阀控制。POA 阀控制蒸发压力不得小于 0.298MPa，这时对应的蒸发温度为 -1℃，而蒸发器表面温度为 0℃，这样便防止了蒸发器表面过冷而冻结。POA 阀也开有一个小孔，其作用也是当蒸发器的蒸发压力降到设计值时，关闭气流的主通口，由此小孔输送一些气体到压缩机，使压缩机在空负荷时不做真空泵运动，减少能耗。

从蒸发器底部接一条溢油管到 POA 阀，其作用是使积存在蒸发器底部的冷冻润滑油回到压缩机，因为清除了积存在蒸发器的冷冻润滑油，能提高系统的制冷能力。

3. 罐中阀—组合式先导阀调节吸气节流阀制冷系统工作原理

STV 系统和 POA 系统都具有储液干燥器、外平衡式膨胀阀、POA 阀（或 STV 阀）。这些阀都是依靠管道、接头连接成一个制冷系统，特别是外平衡阀、蒸发器、POA 阀的接口多达十多处，容易造成制冷剂的泄漏和使空气、水分进入制冷系统。由于接头太多，安装、维护的工作量也大。1978 年，美国通用汽车公司发明了一种罐中阀，即将储液干燥器、外平衡式膨胀阀、POA 阀集中在一罐中，只有一个进口接头和一个出口接头，克服了 POA 制冷系统的缺点，形成了崭新的罐中阀制冷系统。罐中阀的英文名称为 Valves In Receiver，简称 VIR。

VIR 制冷系统广泛应用在中、高级汽车空调中，例如德国的奥迪轿车系列产品，有一些采用 CCOT 系统，有一部分采用 VIR 系统。我国第一汽车制造厂生产的奥迪 100，试制时其空调制冷系统就是采用 VIR 系统。

罐中阀制冷系统的工作原理如图 3-8 所示。

图中 VIR 阀集中了储液干燥器、外平衡式膨胀阀、POA 阀，这样的结果使整个制冷系统变得简单，接头也大为减少。

工作原理： 从压缩机出来的高温制冷蒸气经过冷凝器液化后，进入 VIR 阀，节流降压后进入蒸发器；蒸发吸热成为低压蒸气，再进入 VIR 阀，对制冷剂的蒸发压力进行控制；然后再从 VIR 阀出来到压缩机，完成一个制冷循环。

VIR 阀起到调节输给蒸发器的制冷剂量和蒸发压力的作用，使 VIR 制冷系统在各种工况下均能保持最大的制冷量的同时，避免蒸发器结冰，同时，蒸发器底部释出的冷冻润滑油等，从溢油管经过 VIR 阀流回压缩机。

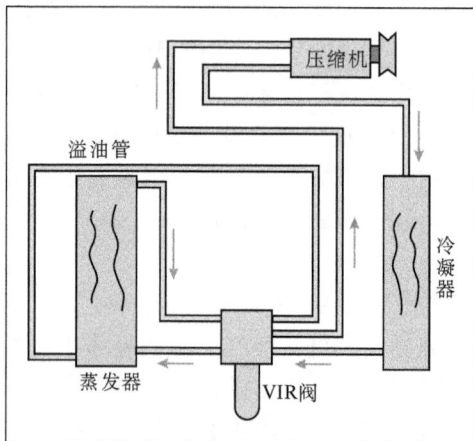

图 3-8　VIR 制冷系统工作原理

三、储液器—阀组合制冷系统

储液器—阀部件是由吸气节流阀、热力膨胀阀、集储器/干燥器组成的一个整体部件，如图 3-9 所示。储液器—阀部件装在蒸发器附近，蒸发器进出口都与储液器—阀部件相连，取消热力膨胀阀的外平衡管及感温包。热力膨胀阀的膜片端直接暴露在从蒸发器出来进入储

液器—阀部件的制冷剂蒸气中。

系统工作时，液体制冷剂从冷凝器通过储液器—阀部件流向蒸发器。流入储液器—阀部件的液体制冷剂降落到储液器底部，通过干燥剂除去其中水分，然后进入膨胀阀节流降压，流向蒸发器。从蒸发器返回的制冷剂蒸气流向吸气节流阀后，进入压缩机，吸气节流阀能控制蒸发压力稳定在规定值范围内。

四、孔管式节流阀制冷系统

孔管式节流阀制冷系统主要是由压缩机、冷凝器、积累器（液气分离器）、孔管、蒸发器、鼓风机、冷凝器和散热风扇组成，各部件之间是采用铜管或铝管和高压橡胶管连接成一

图 3-9　储液器—阀组合制冷系统原理

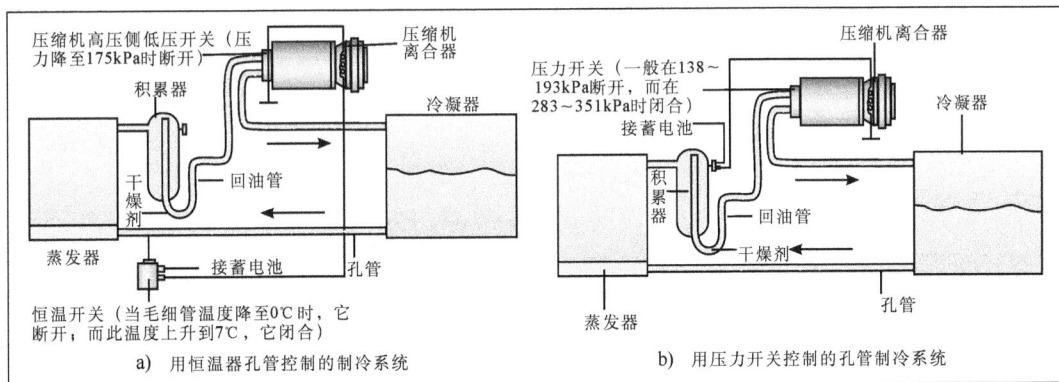

个密闭系统。制冷系统工作时，制冷剂在动力源压缩机的作用下，以不同的状态在这个密封系统内循环流动。孔管式节流阀制冷系统如图 3-10 所示。

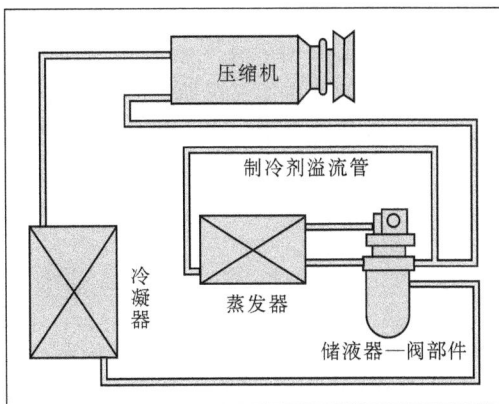

a)　用恒温器孔管控制的制冷系统　　　b)　用压力开关控制的孔管制冷系统

图 3-10　孔管式节流阀制冷系统

（1）孔管式制冷系统的四个工作过程

1）**压缩过程**。压缩机将蒸发器低压侧温度约为 0℃，气压约为 150kPa 的低温低压气态制冷剂增压成温度为 70~80℃，压力为 1500kPa 的高温高压的气态制冷剂，该气体被送往冷凝器冷却降温。

2）**冷凝过程**。过热气态制冷剂进入冷凝器，散热冷凝为液态制冷剂，使制冷剂状态发生改变。冷凝过程后期，制冷剂变为气压为 1.0~1.2MPa 的中温液体。

3）**节流过程**。冷凝后的液态制冷剂经过节流阀（CCOT 阀）后体积变大，其压力和温度急剧下降，变成温度约为 -5℃、压力为 150kPa 的低温蒸气，然后进入蒸发器中迅速吸热蒸发。在节流过程中，因其控制供给蒸发器所需制冷剂的流量，从而达到控制温度的目的。

4）**蒸发过程**。液态制冷剂通过节流阀变为低温低压的湿蒸气，流经蒸发器不断地吸热净化，转变成温度约为 0℃，压力约为 150kPa 的湿蒸气气态制冷剂，吸收车内空气的热量，

从蒸发器流出的气态制冷剂又被吸入压缩机,增压后泵入冷凝器冷凝进行制冷循环。

(2)孔管系统与膨胀阀系统的区别 膨胀阀可自动调节,而孔管不能调节。孔管系统是在低压管路上安装了液气分离器,此作用是防止液态制冷剂进入压缩机并过滤脏物及水分。膨胀阀系统是在高压管路上安装了储液干燥器,其作用是防止气态制冷剂进入膨胀阀而引起系统制冷效果不良,同时也过滤脏物及水分。此两种装置正好作用相反,故在空调系统中不能互换。

五、空调制冷系统的检验与操作

1. 制冷剂的检漏

(1)检漏仪器

1)**卤素检漏灯**:卤素检漏灯是一种丙烷(或酒精)气燃烧喷灯,利用制冷剂气体进入喷灯的吸入管内使喷灯的火焰颜色改变这一特性来判断系统的泄漏部位和泄漏程度,其结构如图3-11所示,其判断如表3-1所示。当检漏灯的吸入管从系统泄漏处吸入制冷剂时,火焰颜色会发生变化;泄漏量少时,火焰呈浅蓝色;泄漏较多时,火焰呈蓝色;泄漏量大时,火焰呈紫色。

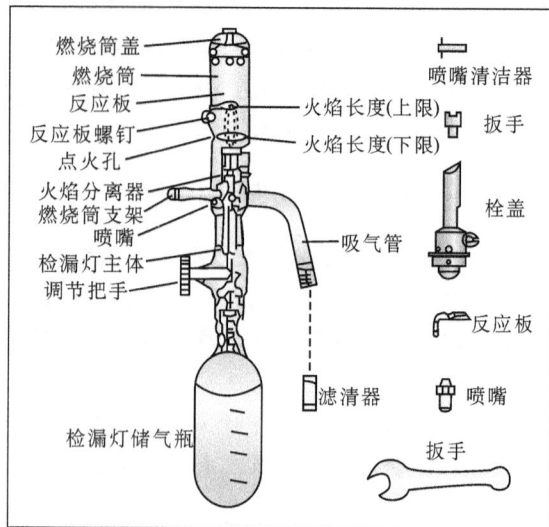

图3-11 卤素检漏灯的结构

表3-1 卤素检漏灯故障诊断表

燃烧工质	火焰颜色	故障诊断
酒精	浅绿色	有少量泄漏
	深绿色	有大量泄漏
丙烷	浅蓝色	有较少泄漏
	蓝色	有较多泄漏
	紫色	有大量泄漏

卤素检漏灯的使用方法:

① 向检漏本体和检漏灯上加液态丙烷或无水酒精。

② 将点燃的火柴插入检漏灯点火孔内,再按逆时针方向慢慢旋转调节把手,让丙烷气体溢出,遇火就能点燃。

③ 将燃烧的火焰调节到尽量小,火焰越小,对制冷剂泄漏反应越灵敏。

④ 把吸入管末端靠近各个有可能泄漏的部位。

⑤ 细心观察火焰的颜色。判断出制冷剂系统泄漏的部位和泄漏程度。

2)**电子检漏仪**:常用电子检漏仪表有车握式和箱式两种,在使用中需注意的一点是,由于制冷剂不同,各电子检漏仪只能单一检测某一型号的制冷剂泄漏,而不能检测其他品种

的制冷剂，所以，在使用前要先阅读相关使用说明书。电子检漏仪结构如图 3-12 所示。

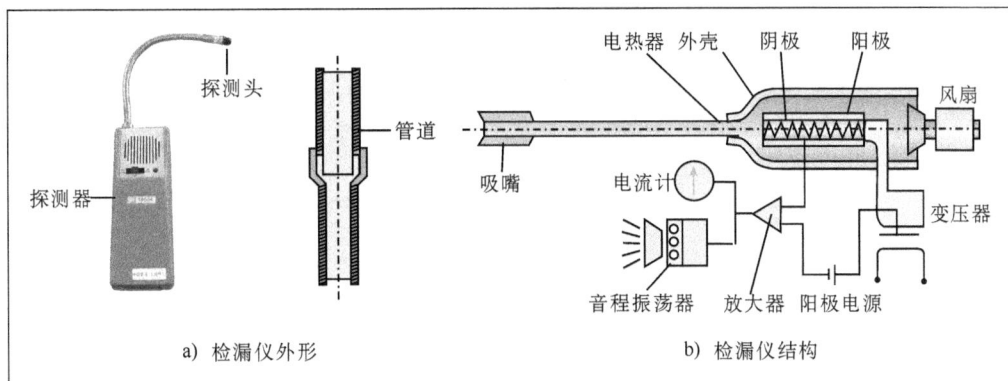

图 3-12 电子检漏仪结构

（2）检漏方法 空调系统常用的检漏方法有外观检漏、压力检漏和真空检漏。

1）**外观检漏**：通过目视或用手直接触摸来检查制冷系统各接头是否有油泄漏出来，对于比较小的泄漏，可通过检漏仪或肥皂液来检查，如图 3-13 所示。

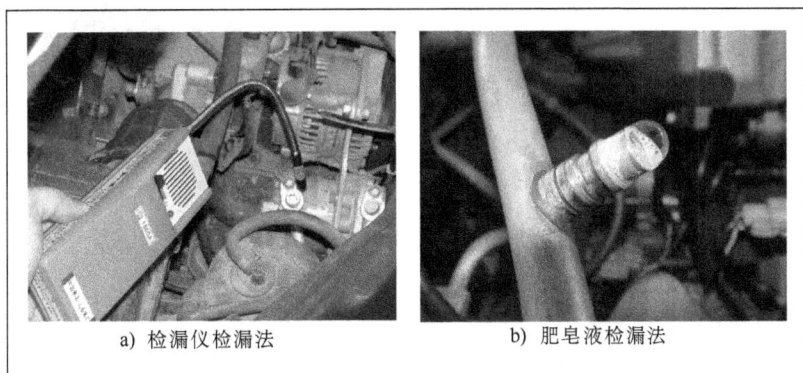

图 3-13 外观检漏法

2）**压力检漏**：压力检漏有充氮气检漏法（图 3-14）和充制冷剂检漏法。

检测方法：

① 应正确连接歧管压力表，在空调系统没有制冷剂的情况下，先把歧管压力表的高压软管接到空调系统高压维修阀上，把压力表的低压软管接到低压维修阀上，然后把中间管接到氮气瓶上。

② 将氮气瓶打开，然后打开歧管压力表高、低压手动维修阀，向系统内充注干燥氮气，当其压力达到 1.2~1.5MPa 时，关闭歧管压力表高、低压手动维修阀。

③ 用肥皂液涂抹在容易漏气的管路接头处或焊接处，仔细观察有无气泡。如有泄漏则漏气处有气泡涌出，漏气大的地方有微小声音，并出现大量气泡；漏气量小的地方，则间断出现小泡。

注意事项：严禁用压缩空气进行检漏，因压缩空气中含有水分，水分随空气进入系统会对系统造成冰堵。而氮气无腐蚀性、无水分，且价格便宜，但瓶装氮气一定要用减压表才能

充注。

3）**真空检漏**：抽真空是为了排除制冷系统内的空气和水分，它是空调维修中一项极为重要的程序。因为对空调系统进行维修或更换元件时，空气会进入系统，且空气中含一定水汽，所以要对制冷系统抽真空。抽真空并不能把水分直接抽出制冷系统，而是产生真空后降低了水的沸点，水分化成水汽被抽出制冷系统，所以抽真空时间越长，系统内残余水分就越少，如图3-15所示。

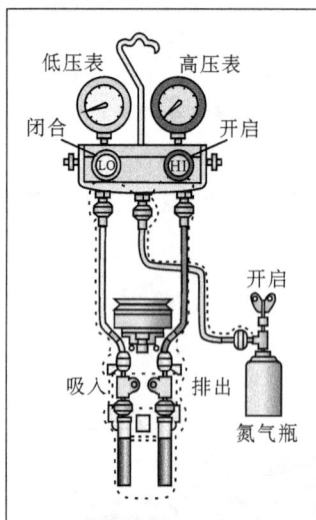

图3-14　充氮气检漏法

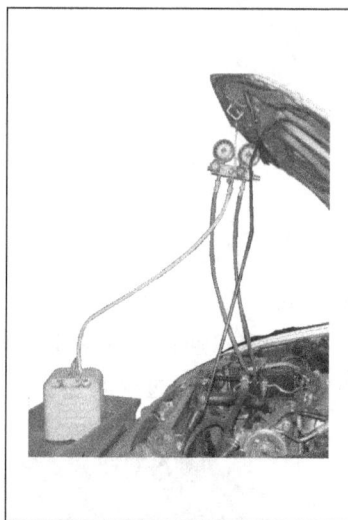

图3-15　真空检漏法

检漏步骤：

步骤1：先把歧管压力表高压软管接到空调系统高压维修阀上，再把低压软管接到低压维修阀上，把中间管接到抽真空机上。

步骤2：打开歧管压力表高压手动维修阀与低压手动维修阀，起动真空泵，并观察低压表上的真空表部分，直到将压力抽真空至67727.8～101591.7Pa。

步骤3：关闭歧管压力表上的手动高、低压阀，关闭真空泵电源开关，观察真空表压力是否回升。如回升则表示空调系统泄漏，此时应进行检漏和修补，若压力表指示针不动，则再打开真空泵，连续抽空15～30min，使其压力表指针稳定。

步骤4：抽真空完毕后，先关闭歧管压力表高、低压手动维修阀，再关闭抽真空机。

注意事项：

① 系统检修完毕后，只有抽完真空才能加注制冷剂。

② 在抽真空过程中，如发现压力表一直不动或指针一直不降到真空度，说明系统有泄漏，应检修。

2. 制冷剂的排放

（1）仪器简介

1）**歧管压力表。**

① **结构**：歧管压力表是由两个压力表(低压表和高压表)、两个手动阀(高压手动阀和低压手动阀)、三个软管接头(一个接低压工作阀、一个接高压工作阀、一个接制冷剂罐或观察窗、真空泵吸入口)组成的。这些部件都装在表座上，形成一个压力计装置，如图3-16a

所示。

② **工作原理**：压力表是弹簧管式，其结构如图 3-16b 所示。当具有一定压力的被测工质从接头进入弹簧管时，由于弹簧管内外压力差的作用，使弹簧管膨胀变形，通过拉杆使扇形齿轮转一角度，从而带动小齿轮和指针也转过一个角度，指针所指的读数便是所测的压力。如果被测工质压力低于大气压力，则弹簧管收缩变形，压力计所示读数便是真空度。

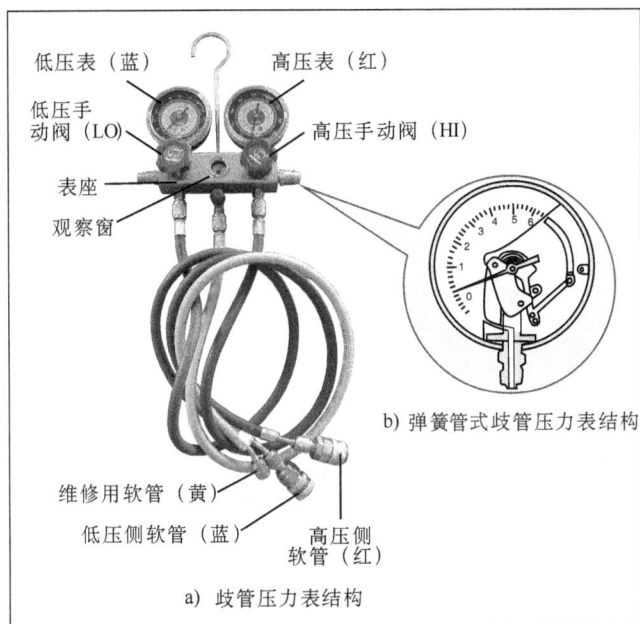

图 3-16　歧管压力表结构

③ **功能**：

检测压力：当高压手动阀和低压手动阀同时关闭时，则可对高压侧和低压侧进行压力检查（图 3-17）。

抽真空：当高压手动阀和低压手动阀同时全开时，全部管路接通，在中间接头接上真空泵，便可以对系统进行抽真空（图 3-18）。

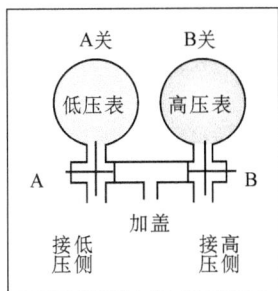

图 3-17　检测压力

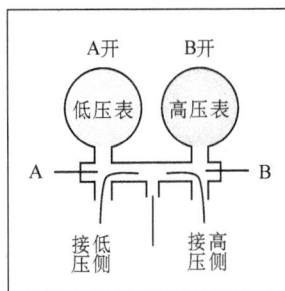

图 3-18　抽真空

加注制冷剂：当高压手动阀关闭、低压手动阀打开、中间接头接到制冷剂钢瓶上或冷冻机油瓶上时，可向系统充注气态制冷剂或冷冻机油（图 3-19）。

放空或排出制冷剂：当低压手动阀关闭、高压手动阀打开时，可使系统向外放空，排出制冷剂(图 3-20)。

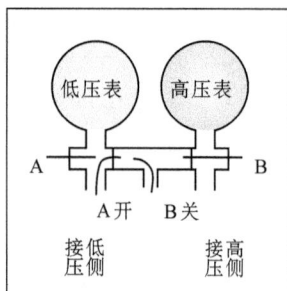

图 3-19　加注制冷剂

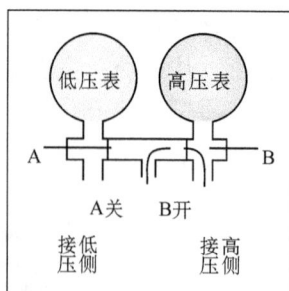

图 3-20　放空或排出制冷剂

使用注意事项：

a. 歧管压力表是一件精密仪表，必须细心维护，不得损坏，且要保持清洁。

b. 不使用时，要防止水或脏物进入软管。

c. 使用时要把管中的空气排出。

d. 压力表接头与软管连接时，只能用手拧紧，不能用工具拧紧。

e. R12 与 R134a 不可使用同一个歧管压力表组。两种制冷剂的歧管接头尺寸也不相同，操作时不要混淆。

2) **制冷剂注入阀**。在维修时，为了方便，配有制冷剂注入阀(图 3-21)来配套开罐，而且随车型不同使用制冷剂(常用 R12、R134)的注入阀尺寸也不相同。

制冷剂注入阀的使用方法如下：

① 按逆时针方向旋转注入阀手柄，直至针阀完全缩回。

② 将注入阀装到小型制冷罐上，逆时针方向旋转板状螺母(圆板)直到最高位置，然后将制冷剂注入阀顺时针拧动，直到注入阀嵌入制冷剂密封塞。

图 3-21　制冷剂注入阀结构

③ 将板状螺母顺时针旋到底，再将歧管压力表上的中间软管固定在注入阀接头上。

④ 用手充分拧紧板状螺母。

⑤ 顺时针方向旋转手柄，使阀针在小罐上开一个小孔。

⑥ 若要加制冷剂，就顺时针方向旋转手柄，使阀针抬起，同时打开歧管压力表的相应手动阀。

⑦ 若要停止加制冷剂，就顺时针方向旋转手柄，使阀针下落到刚开的小孔里，使小孔封闭，起密封制冷剂作用，同时关闭歧管压力表上的手动阀。

特别注意：使用制冷剂注入阀时，制冷剂注入阀与制冷罐必须接紧，防止使用过程中，制冷剂喷出伤人。

3) **真空泵**。在检修或安装汽车空调时，会有一定量的空气和水蒸气进入制冷系统，这

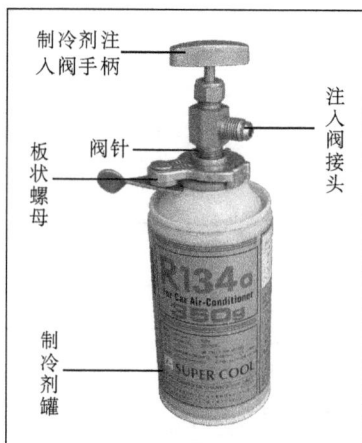

将导致膨胀阀发生冰堵，冷凝器温度升高，制冷系统零部件发生腐蚀等现象，这将需要对制冷系统进行抽真空。

真空泵的功用就是对制冷系统抽真空，排除系统内的空气、水分。抽真空并不能把水抽出系统，而是产生真空后降低了水的沸点。水在较低压力下沸腾，以蒸汽的形式从系统中抽出，如图3-22所示。

注意事项：在检测制冷剂后、加入制冷剂前，应对系统抽真空，否则这将影响系统正常的效果。

（2）分类　制冷剂的排放有两种：第一种是将制冷剂排放到大气中，现在维修厂普遍采用。此排放方法的缺点是污染环境，浪费资源；另一种是回收制冷剂，此方法较好，但是要有回收装置。

1）**制冷剂排放**。制冷剂排放的步骤如下：

步骤1：关闭表阀高低压手动阀，按图3-23所示接好管路，然后各个控制器调到冷气最冷的位置，发动机转速调到1000~2000r/min，并运行10~15min。

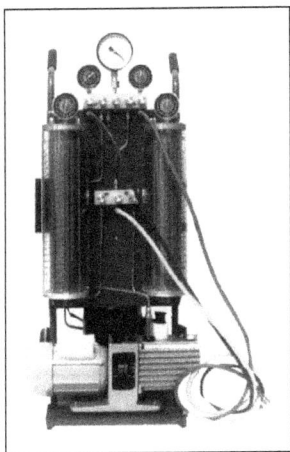

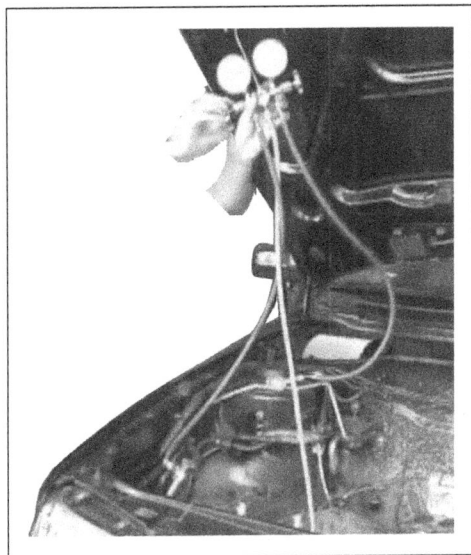

图3-22　真空泵　　　　　图3-23　制冷剂排放

步骤2：松开节气门，使发动机恢复正常怠速，关闭发动机。

步骤3：缓慢打开高压手动阀，在软管出口盖上一块白毛巾，观察毛巾上有无油污，调节制冷剂的流量。

步骤4：在高压表读数降到0.35MPa以下时，缓慢打开低压手动阀。

步骤5：当系统压力下降时，逐渐打开高压和低压手动阀，直到两者压力计的读数达到0MPa为止，关闭手动阀。

注意事项：

① 在排放制冷剂特别是制冷剂R12排放时，周围环境要通风良好。

② 排放制冷剂时不要靠近明火，避免制冷剂产生有毒的气体。

③ 排放制冷剂时不能着车排放，同时注意要缓慢地打开高压手动阀，避免冷冻机油与

制冷剂一起排出。

④ 注意不要被制冷剂冻伤，如不小心冻伤，应马上用清水冲洗或到医院检查。

2）**制冷剂回收**。制冷剂的回收有三种常见方法：

a. 冷却法。

b. 吸附脱离法。

c. 压缩法。

目前在汽车维修行业中常用的是压缩法。

① **冷却法**。冷却法使制冷剂蒸气冷却液化，回收制冷剂时，回收容器需冷却到-30℃，可使用干冰等使制冷剂冷却液化后回收，此法适宜于干净的制冷剂。

冷却法回收装置如图3-24所示。冷却法有一套独立的冷冻循环系统，制冷剂的回收容器在蒸发器中冷冻成液体。从汽车空调系统排出的制冷剂通过过滤干燥器，除去水分和杂质；通过分油器除去制冷剂中的润滑油，进入回收容器。对于制冷剂纯度要求不太严格的场合，被回收的制冷剂可重新加到制冷系统。

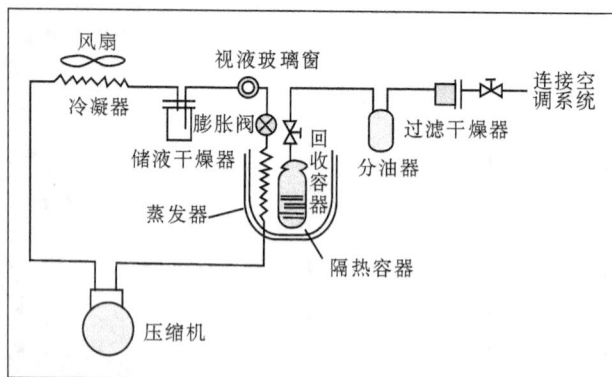

图3-24　冷却法回收装置

② **压缩法**。压缩法工作原理：压缩法是用压缩方法将制冷剂压缩，冷却后变成液体，从空调制冷系统排除的制冷剂通过干燥过滤器去除水分和杂质。受到吸气调节阀控制，部分液体制冷剂存储在储液筒内。压缩法回收装置如图3-25所示。

气态的制冷剂被压缩成高温高压的气体，通过分油器时，与制冷剂混合的冷冻机油分离出来，流回压缩机。高温高压的制冷剂进入冷凝器被冷凝，通过气液分离器，液态的制冷剂流到回收容器。回收容器内的部分气态的制冷剂通过毛细管被压缩机吸出。

操作步骤：

步骤1：把回收机上低压管口接头和高压管口接头连接到待服务车的空调系统中，连接前要认清空调系统所使用的制冷剂类型。

步骤2：把回收钢瓶与回收机连接起来，注意要排除软管中的空气。

步骤3：接上电源，打开主电源开关。

步骤4：按下回收起动开关，系统开始从车辆上回收。

步骤5：当车辆的空调系统真空度下降到37.33kPa时，机器自动关闭，指示灯熄灭。

步骤6：关上制冷剂罐阀门，切断总电源，卸下连接管路。

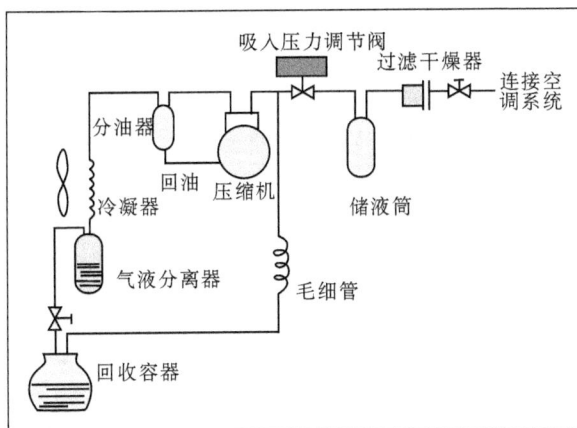

图 3-25　压缩法回收装置

注意事项：通常回收的制冷剂要求不能继续使用，其回收过程中因操作不当或管理不善会造成制冷剂质量不纯，因此最好将回收的制冷剂进行再生处理。

3. 制冷系统的抽真空

抽真空是空调维修中一项极为重要的程序，目的是排除制冷系统内的空气和水汽。实际上抽真空并不能直接把水分抽出制冷系统，而是产生真空后降低了水的沸点，水汽化成水蒸气抽出系统外，其抽真空的方法在讲述真空检漏时已详细介绍过，这里就不再讲解。

4. 制冷剂的充注

由于制冷剂有液态和气态之分，故制冷剂的充注也有两种方法。

（1）高压端充注法（液态制冷剂充注）

特点：安全、快捷、运用第一次充注（即经检漏抽真空后的系统充注）。

操作步骤：

1）当系统抽真空后，关闭歧管压力表上的高、低压手动阀。

2）将中间软管的一端与制冷剂罐注入阀的接头连接起来，如图 3-26 所示，打开制冷剂罐开启阀，再拧开歧管压力表中间软管上端的螺母，让气体溢出几秒钟，把空气赶走，然后再拧紧螺母。

3）打开高压侧手动阀至全开位置，将制冷剂罐倒立，以便从高压侧充注液态制冷剂。

4）从高压侧注入规定量的液态制冷剂后，关闭制冷剂罐注入阀及歧管压力表上的手动高压阀，然后将仪表卸下。特别要注意，从高压侧向系统充注制冷剂时，发动机处于不起动状态（压缩机停转），更不可拧开歧管压力表上的手动低压阀，以防止产生液压冲击。

注意事项：

1）充注时不能起动压缩机，而且制冷剂罐要倒立。

2）禁止在充注时打开低压开关。

（2）低压端充注法（气态制冷剂充注）　通过歧管压力表上的手动低压阀，可向制冷系

统的低压侧充注气态制冷剂。

特点： 充注速度慢，通常在补充制冷剂的情况下使用。

操作步骤：

1）如图3-27所示，将歧管压力表与压缩机和制冷剂罐连接好。

图 3-26　从高压端充注液态制冷剂

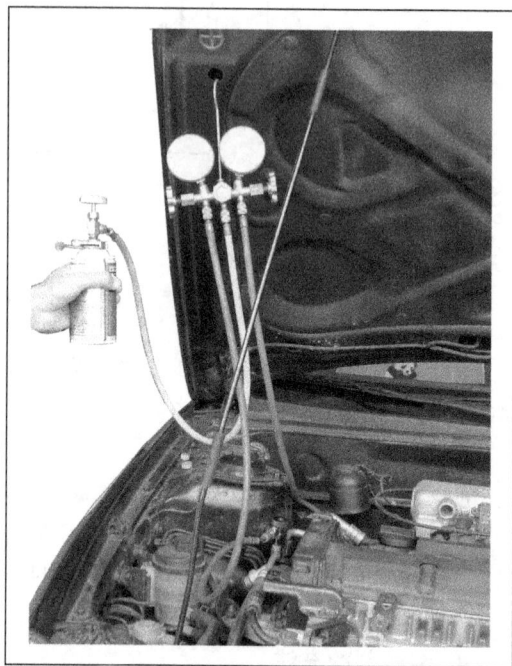

图 3-27　从低压端充注气态制冷剂

2）打开制冷剂罐，拧松中间注入软管在歧管压力表上端的螺母，直到听见有制冷剂蒸气流动的声音，然后拧紧螺母。目的是排出注入软管中的空气。

3）打开手动低压阀，让制冷剂进入制冷系统。当系统的压力值达到0.4MPa时，关闭手动低压阀。

4）起动发动机，将空调开关接通，并将风机开关和温控开关都调至最大。

5）再打开歧管压力计上的手动阀，让制冷剂继续进入制冷系统，直至充注量达到规定值。

6）在向系统中充注规定量制冷剂之后，从视液玻璃窗处观察，确认系统内无气泡和过量制冷剂。随后将发动机转速调至2000r/min，冷风机风量开到最高档，若气温在30~35℃，系统内低压侧压力应为0.147~0.192MPa，高压侧压力应为1.37~1.67MPa。

7）充注完毕后，关闭歧管压力计上的手动低压阀，关闭装在制冷剂罐上的注入阀，使发动机停止运转，将歧管压力计从压缩机上卸下。卸下时动作要迅速，以免过多制冷剂排出。

注意事项：

1）确保制冷罐直立，防止制冷剂从负压端进入系统，对压缩机造成损伤。

2）充入到规定量后，关闭低压侧手动阀，再关闭制冷剂注入阀。

3）不要充注过多的制冷剂，否则会引起轴承和传动带的故障。

第四章

汽车空调供暖和配气系统

第一节 汽车空调供暖系统

汽车空调供暖系统的作用：

1）**加热器和蒸发器一起将空气调节到驾驶人所需要的舒适温度**：现代汽车空调已经发展到冷暖一体的水平，可以全年地对车厢内的空气温度进行调节。通过冷热风的配送，达到人们所需的舒适性设定温度。

2）**冬季供暖**：冬天由于天气寒冷，人在运动的汽车内会感到更寒冷。这时，汽车空调可以向车内提供暖气，以提高车厢内的温度，使乘员感觉到舒适。

3）**车上玻璃除霜**：冬季或者春季，室内外温差较大，车上玻璃会结霜或起雾，影响驾驶人和乘客的视线，这样不利于行车安全。这时可以用热风来除霜或除雾。

汽车空调供暖系统有多种形式：按暖气设备所使用的热源可分为发动机余热式和独立热源式；按空气循环方式可分为内循环、外循环和内外混合循环式；按照载热体可分为水暖式和气暖式。

一、余热式供暖系统

1. 水暖式供暖系统

水暖式供暖系统是利用发动机的冷却循环水的余热作为热源，将其引入热交换器（换热器），由鼓风机将车厢内外的空气吹过热交换器而使之升温。

此装置设备简单，安全经济，但热量小，受发动机运行工况影响，发动机停止运行时，即没有暖气提供。

（1）**水暖式供暖系统的工作原理** 水暖式供暖系统如图4-1所示。不使用暖气时，冷却液通过水泵将发动机内的高温冷却液泵入散热器，散热后的冷却液由散热器出水管回到发动机。使用暖气时，经发动机分流出的高温冷却液部分送入供暖装置的加热器芯，冷空气在鼓风机的作用下，通过加热器被加热后，由不同的出风口吹向乘客。在加热器芯中被吸收热量的冷却液离开加热器被发动机水泵抽回发动机，完成一次循环。暖风还可以通过风窗玻璃下面的出风口，吹到风窗玻璃上，以保持风窗玻璃内侧温度在露点之上，防止起雾或结霜。

（2）**水暖式加热装置** 水暖式加热装置有两种：一种是单独的暖风机；另一种是整体空调器。

1）**单独暖风机总成**：它由加热器、风扇、外壳组成（图4-2）。壳体上有吹向乘客

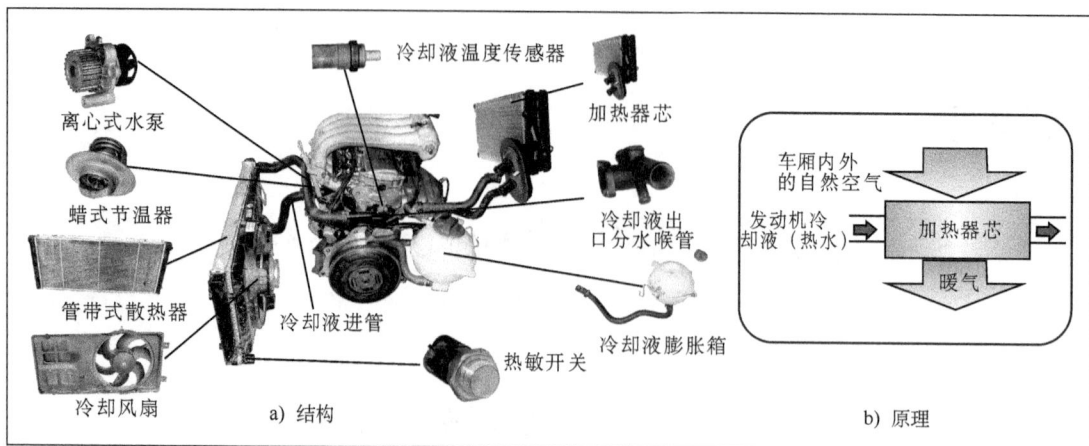

图4-1　水暖式供暖系统

足部、前部的出风口和吹向风窗起除霜作用的出风口，这样来达到足暖头凉，让人觉得舒适。

2) **整体空调器**：整体空调器是把加热器和蒸发器装在一个箱体内，共用一台风扇，如图4-3所示，但是两者之间用阀门隔开。

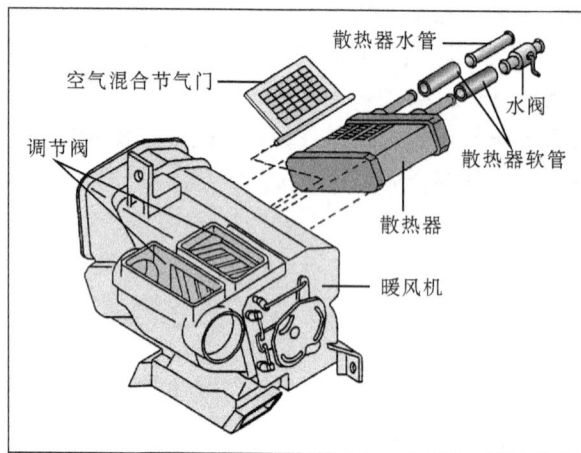

图4-2　单独暖风分解图

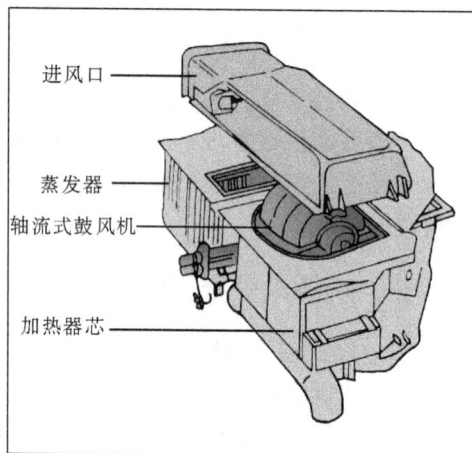

图4-3　整体空调器分解图

（3）冷却液控制阀　冷却液控制阀装在加热器和进水管之间，用来控制供暖器的冷却液通路。

冷却液控制阀有两种：一种是拉绳钢索式冷却液控制阀；另一种是真空冷却液控制阀。

1) **拉绳钢索式冷却液控制阀**：该阀使用在手动空调中，它需依靠人工移动调节键来移动开关的钢索，关闭或打开控制阀，其结构如图4-4所示。

2) **真空冷却液控制阀**：该阀的构造如图4-5所示。冷却液控制阀主要是一个封闭真空膜片盒，真空源则由发动机的进气歧管或真空罐产生。

① **工作原理**：供暖气时，真空膜片盒的右空腔与真空源导通，在两端压力差作用下，

膜片克服弹簧力，带动活塞一起右移，活塞将冷却液通路开启。这时发动机冷却液便流向加热器，系统处于供暖状态。若真空膜片盒的真空源断开，则弹簧压力通过膜片带动活塞左移，此时冷却液的通路被关闭，加热器不会发热。

真空控制阀可以用在手动空调上，也可以用在自动空调上。

② **注意事项**：进、出水管应按箭头方向连接，冷却液压力和弹簧弹力共同作用，使水阀处于加强关闭状态。如需要让冷却液进入加热器，真空抽力拉动膜片，克服弹簧力而右移，活塞移动准确。如果反箭头方向连接，在发动机高速运转时，由于水泵抽力大，使活塞两端压差减小，冷却液压力会克服弹簧压力，使真空阀在关闭工况下也会右移，阀门开启，使空调器不能正确控制供暖温度。

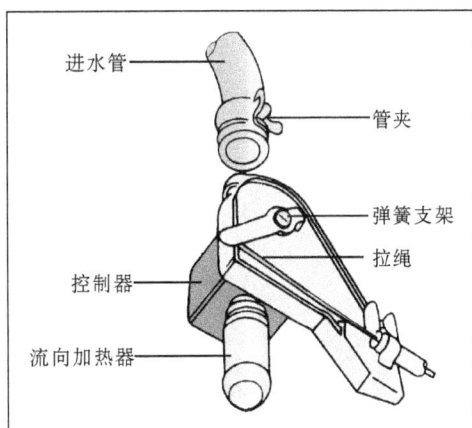

图 4-4　拉绳钢索式冷却液控制阀结构

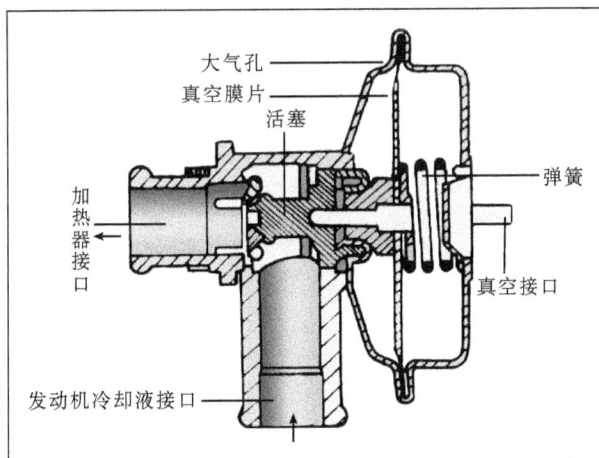

图 4-5　真空冷却液控制阀的构造

（4）水暖式供暖系统常见故障排除　如表 4-1 所示。

表 4-1　余热水暖式暖风机的故障分析与排除

故障现象	可能的故障原因	排除方法
没有风	1）鼓风机电路断或接触不良 2）熔丝熔断 3）鼓风机烧坏 4）暖风机开关坏或接触不良 5）暖风机开关没有打开	1）修理或更换有关线束或插接器 2）更换熔丝 3）修复或更换鼓风机 4）修复或更换开关，去除开关接触面污物或锈斑 5）打开暖风机开关

（续）

故障现象	可能的故障原因	排 除 方 法
风不热	1）空调操纵拨杆没有移到暖风机开启位置 2）暖风机水管中有气阻 3）水阀坏，打不开 ① 水阀若是钢丝绳操纵，可能是钢丝绳断 ② 若水阀是真空操纵，可能真空管脱落，或真空阀坏，或真空膜泵坏 ③ 若水阀是电磁阀操纵，则可能是电路断或电磁阀坏 4）发动机上的出水位置不对，使冷却水无法进入暖风机芯子	1）将空调拨杆移到最大暖风位置 2）将暖风机进水连接管从中间连接处断开，将水管位置提高，使空气排出，然后再重新连接 3）换水阀 ① 更换钢丝绳 ② 查找真空回路问题，对症处理，更换零件 ③ 查找电磁阀电路，对症处理 4）重新打开出水口（要慎重）
风微热	1）暖风机操纵拨杆没有移到供暖最大开度位置 2）水阀被局部堵塞 3）水阀操纵机构只能部分打开阀门 4）热水管路被局部堵塞 5）发动机出水位置不对，使冷却液向暖风机流动不畅，或回水不畅 6）发动机刚起动不久，冷却液尚未热 7）外界温度过低，散热器面罩无防冻措施，致使冷却液不热	1）将拨杆移到供暖最大位置 2）清理水阀 3）修理水阀操纵机构 4）清理管子或更换软管 5）重新安排进出水位置 6）让发动机工作一段时间 7）散热器前加棉罩或采取其他保暖措施
风量不足	1）风量开关处在低档位 2）风量开关接触不良 3）暖风机进风口被杂物堵塞 4）暖风机芯子表面被杂物堵塞	1）风量开关转到高档位 2）去除接触片污垢，拧紧压紧簧片 3）清除杂物 4）清除暖风机内杂物
滑移式操纵杆阻力大	1）操纵板滑槽无润滑 2）操纵板滑槽部分发生变形或压紧簧片太紧 3）各风门转动不灵，被卡 4）暖风机操纵绳索上有脏物	1）加润滑脂 2）修整或更换滑槽，调节簧片压紧力 3）检查风门操纵机构，调整转轴并加油，拨正阀门，修整风门周边密封片 4）清除绳索上的脏物
暖风机漏水	1）暖风机芯漏水 2）连接管未拧紧或密封圈坏	1）修补或更换暖风机芯 2）拧紧接头或更换密封圈

（5）水暖式供暖系统的试验方法　余热水暖式试验共有热流量、噪声、耐振性、密封性及往复加压五项。

1）**热流量测定**。该项测定是暖风装置的主要试验内容，是为了测定暖风装置热水产生的热流量。试验可在图4-6所示的标准暖风性能试验装置上进行。试验装置中的储气罐应具有足够的容积，保证在测量罐内压力时不会产生紊流现象。空气流量应用经过标定的进口喷嘴、节流孔板、旋涡流量计或其他精度不低于1%的测量仪器测定。鼓风机的风量应保证在试验过程中罐内压力始终与环境气压相等。热水箱应保证每分钟向暖风装置提供6~20L的

（85±3）℃的热水。各种测试仪表精度有一定要求。

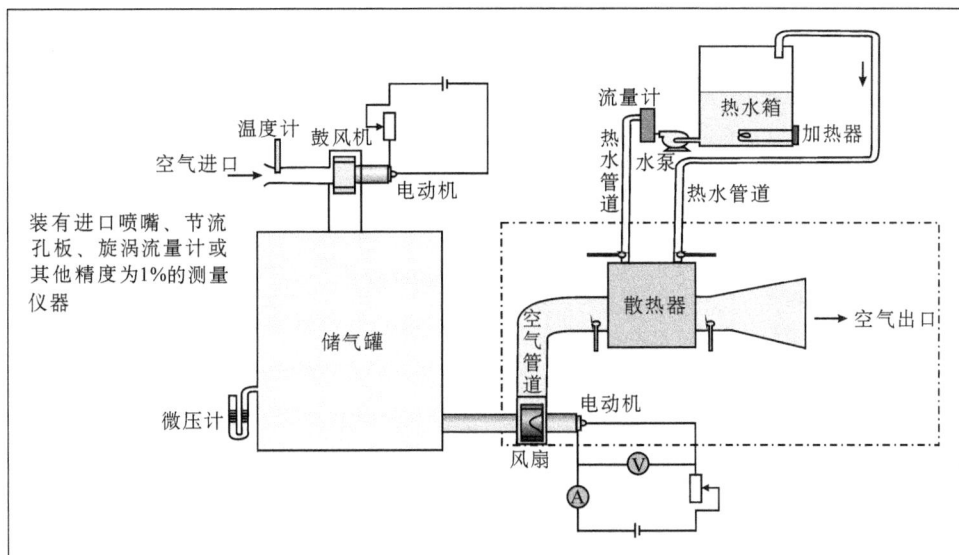

图4-6　测量暖风装置热流量的试验装置

2）**噪声试验**。试验应在下列条件下进行：

① 暖风装置本体按正常工作位置设置，散热器注满水，风扇运转，在这种条件下测量噪声（A声级）。

② 噪声应比暖风装置本体噪声至少低10dB。测试时不允许其他声源干扰。

③ 试验时，距暖风装置1m处和2m处的噪声差为5dB以上时，应避免回音影响。

④ 声级计传声头的位置应离风机中心1m，45°方向（水平方向上方）处。

3）**耐振性试验**。在振动试验台上进行。暖风装置应注满水，风机运转，但水管道和风管道卸去。振动频率为33Hz，振幅0.83mm；或其他振动加速度相当于3g的频率和振幅。振动按三个方向分别进行，振动时间为上下4h，左右及前后各为2h。

4）**密封性试验**。将散热器浸入常温水中，其内通入180kPa压缩空气，1min内无漏气现象。

5）**往复加压试验**。试验对象为散热器，试验压力、加压循环及往复次数根据实际情况而定，但加压循环的加压时间应不少于2s。加压装置如图4-7所示。

热水槽保证提供（85±3）℃的热水，用泵压送热水，用压力调节阀及流量调节阀调节热水的压力和流量。

进行往复加压试验后，按密封性试验检查散热器有无泄漏。

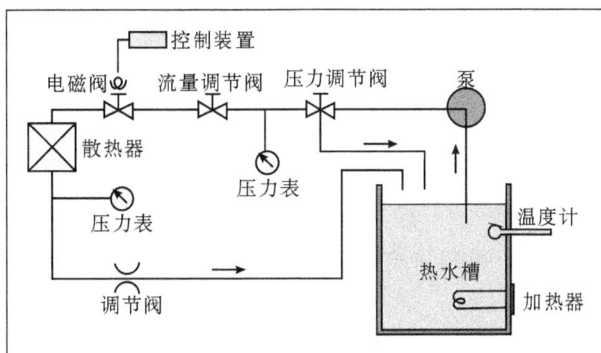

图4-7　往复加压试验装置

2. 气暖式供暖系统

利用发动机排气管中的废气余热或冷却发动机后的热空气作为热源,通过热交换器加热空气,把加热后的空气输送到车厢内供暖,称为气暖式暖气装置。这种装置受车速变化的影响大,对热交换器的密封性、可靠性要求高。

(1) 气暖肋片式　在发动机排气管上装一段肋片管,管外套上外壳(图4-8),管内通发动机排气,外壳与管子之间的夹层中通空气,这段管子即是热交换器。在风机的作用下,将空气吸入并加热后送入车厢内。加肋片的目的在于增加换热面积以强化换热。值得注意的是,排气中含有二氧化硫和水分等杂质,具有腐蚀性。因此,要求这管段的管材必须是耐腐蚀的,连接处应该密封严实,且应经常检查。如因受腐蚀而管段穿孔,废气将和空气一起进入车厢内危及人体健康和安全。

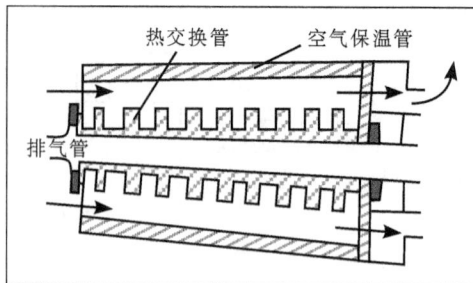

图4-8　气暖肋片式装置

(2) 气暖热管式　工作原理:车用发动机的废气流经热管的吸热端,而利用风机强制车厢内空气流过热管的放热端,真空密闭的金属管内装入约占热管容积1/3的工作液体,在管子下部即吸热端的工作液体被发动机废气热流体加热,吸收热量后沸腾变为气体,由于气体的密度轻而上升到管子的上部将热量传给车厢内的空气而凝结,这种垂直布置可利用重力差,加速凝结液回流,稳定其换热性能,凝结液沿管内壁流回下部,再吸热沸腾为气体。如此反复进行,不断地将下部的热量传到上部,如图4-9所示。

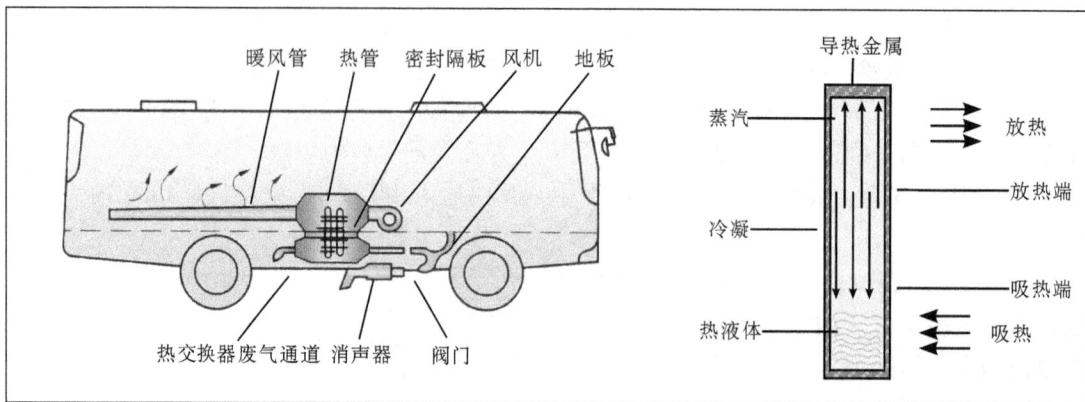

图4-9　气暖热管式装置

优点:结构简单,起动快,传热系数高,换热效果好,不需外加动力也无运动部件,维护方便。

特点:发动机排出的废气和进入车厢内供暖用空气互不泄漏,工作安全可靠。

二、独立燃烧式供暖系统

由于余热式供暖系统受发动机功率变化的影响较大，且产生的热量往往不能满足供暖的需要，而独立燃烧式供暖系统则克服了上述缺点，故在大、中型客车和旅行车及严寒地带在车上得到了广泛的应用。

独立燃烧式供暖系统有直接式和间接式之分。

所谓直接式指的是把燃料燃烧产生的热量在热交换器中直接传递给空气，然后用风机将热空气送入车厢内；而间接式则是先用燃料燃烧的热量把水加热，再利用水与空气热交换向车厢内提供暖风。

1. 直接式

组成：由燃烧室、热交换器、供给系统和控制系统四部分组成，如图 4-10 所示。

工作原理：当供暖装置中的电动机接通电源后就开始工作，电动机带动燃料油泵、燃料雾化杯、助燃空气风机和被加热空气风机同时工作。燃料油泵从燃油箱中把燃油吸出，经过过滤器、电磁阀，由燃料管送入雾化杯，在离心力作用下打散雾化，并和助燃空气风机送来的空气混合，形成可燃混合气体。与此同时，电源通过电热塞，点燃可燃气体，在燃烧室中燃烧。一旦燃烧开始，电热塞即刻断电，其后就由燃烧的火焰来点燃不断输入的可燃混合气体，使之保持稳定正常。燃烧后的高温气体在与新鲜空气换热后，由排气管排出。另一方面，在电动机轴向前端安装的新鲜空气送风机送入空气，该空气接受热交换器散发出的热量而使温度升高。被加热后的热空气由暖风排出口进入车室的管道和送风口，对车厢进行暖调。

优点：供暖快，不受汽车行驶条件的影响。

缺点：加热出来的空气为高温干热状态，舒适性差。

图 4-10　直接独立燃烧供暖装置

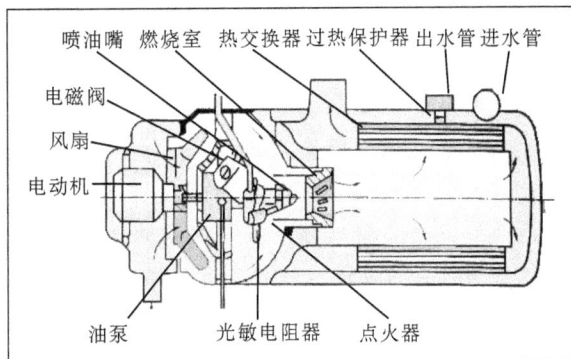

2. 间接式

间接式独立燃烧系统用水作为载热介质向车厢内提供暖风，出风柔和舒适感好，且采用内循环空气，灰尘少、效果较为理想，如图 4-11 所示。

优点：不仅可作为车厢供暖用，还可提供预热发动机、润滑油和蓄电池等。

间接式与直接式大体相同，也包括四个部分。

区别之处有：

1）燃烧室是由喷油嘴和高压电弧

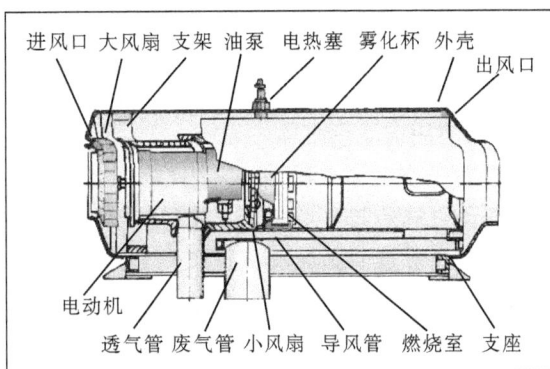

图 4-11　间接独立燃烧供暖装置

点火器组成的。高压电弧点火器具有点火迅速，使用可靠的优点。

2）热交换器的一侧仍为高温的燃烧气体，而另一侧则是水，不再是空气。供水系统是以水泵代替风机作为动力。

3）控制系统里有水温控制器和水温过热保护器，前者根据水温的高低控制燃油的喷油量，后者则在水温超过预定温度时，将油路切断，停止燃油燃烧。其点火燃烧过程与直接式相仿。

3. 独立燃烧式加热器日常维护及故障的排除

对于独立式加热器，应根据使用说明书的规定进行操作和维护。下面以 M—135H 型加热器为例，简单介绍一般独立式加热器的使用维护方法。

（1）使用前注意事项

1）**对于空气加热器：**

① 检查燃油箱里燃油是否足够。

② 室内管道的热风吹出口阻风器是否打开，有无被异物堵塞。

③ 暖风的空气吸入口有无被异物堵住。

2）**对于水加热器，除上述三点以外，还要做如下检查：**

① 储水箱里有没有冷却液。

② 冷却液三通管有没有打开。

（2）操作步骤　开、停时的操作电路如图4-12所示。独立式加热器开动时要注意有一个预热过程，必须先预热，再起动。关闭时必须先关油泵电路，待内部冷却一会儿再关电动机。

步骤1：起动

1）**预热：**将开关拨到预热位置（点火指示灯亮），此时电热塞电路接通，开始预热。对于有自动控制功能的加热器，如三国牌 M—135H 型加热器没有预热位置，则直接拨到运转位置。

2）**运行：**经过约1min预热后，将开关转到运转位置，电动机开始运转，助燃空气和燃油被送入燃烧室内开始燃烧。再经过 1~2min，燃烧控制器起作用，燃烧指示灯亮。电热塞电路断开，点火灯熄灭。假如室内温度过高，可

图4-12　M—135H 型加热器电路

将转换开关拨至"弱"档。值得注意的是，对于有自动控制功能的加热器，预热后点火控制器起作用，会自动进入运行工况，不需要人工转换。

步骤2：停止

1）将开关定到"停止"位置，如果有电源指示灯，则电源指示灯熄灭，电磁阀电路中断，停止供油，燃烧停止。

2）约5min后，燃烧室温度降低，风机自动停转，燃烧灯熄灭，加热器完全停止工作。

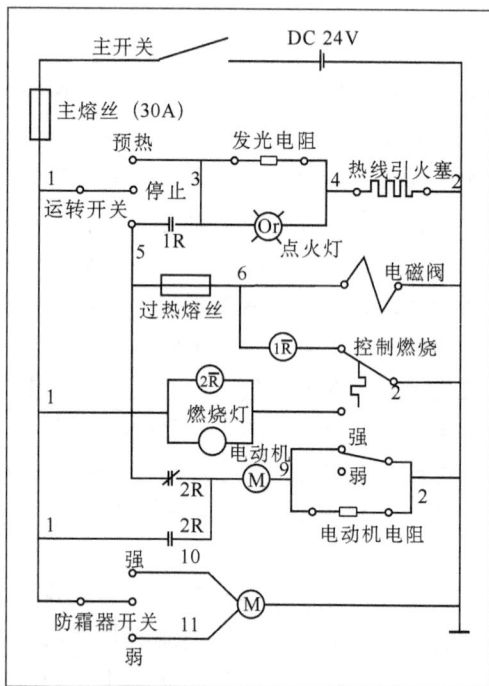

（3）过热熔丝熔断后的处理　加热器如果发生过热现象，机器会被烧坏，并会因此而发生火灾，所以加热器上设有防止过热的装置。当热风通路上的温度或热水温度高达某一值时，安装在通路上的过热熔丝会熔断而切断一部分电路。此时燃油中止流动，电源灯熄灭，过一会儿燃烧指示灯也熄灭。发生这种情况时，应按说明书要求进行处理，切不可未查明故障原因就更换熔丝，更不可用其他金属丝代替。

一般应做如下处理：

1）将转换开关拨至停止位置。

2）查清熔丝熔断原因：进、出风口有无异物堵塞，阻风器是否关闭，管道是否太细或弯曲太多，熔丝是否熔断。

3）排除熔断原因。

4）更换过热熔丝。

（4）平时的维护保养工作

1）检查燃料管道有无泄漏现象，管接头部分是否完全夹紧，检查管子和燃油箱是否发生裂缝。

2）检查燃油滤清器有无积水或积灰。若是，则要拆下进行清洗。

3）检查电线是否损伤，火花塞是否有脏污、积炭。若有要去掉，以免引起点火不良、绝缘不良、缩短火花塞的使用寿命。

4）检查助燃空气进口及废气排泄孔是否被堵塞。

主要的常见故障及其原因见表4-2。

表 4-2　独立燃烧式加热器的常见故障及其原因

故 障 情 况	原　　因
将开关置于点火位置，但点火指示灯不亮	1）指示灯断线 2）火花塞线圈熔断，可能由于火花塞粘有炭精所致
过热熔丝熔断	供暖装置因下列原因使空气量减少： 1）供暖装置鼓风机发生故障 2）管路被堵塞
电动机转动，但没有燃油	1）燃油泵漏气 2）燃油管有异物，连接处漏气 3）电磁阀发生故障 4）燃油滤清器阀门关闭 5）燃油箱内没有燃油
有燃油，但点不着	1）蓄电池电压不足 2）火花塞故障 3）助燃空气进气管或废气排气管被堵塞
电动机不转	1）熔丝熔断 2）电路接错 3）电动机发生故障
燃烧正常进行，但指示灯不亮或在燃烧前就亮	1）灯泡断路 2）点火控制器发生故障

（续）

故 障 情 况	原 因
异常噪声	1）转动部件有干涉 2）有异物 3）燃油泵轴承有故障
燃烧不正常，燃烧中断	1）油气比例不正常 2）燃油管内积有水和灰尘 3）燃油管漏气 4）燃烧器内有积炭 5）电动机转动不正常 6）吸、排气管堵塞
排气管冒火星	1）排气管堵塞 2）燃烧增大

第二节　汽车空调配气系统

一、汽车空调通风原理

汽车空调通风循环如图4-13所示。

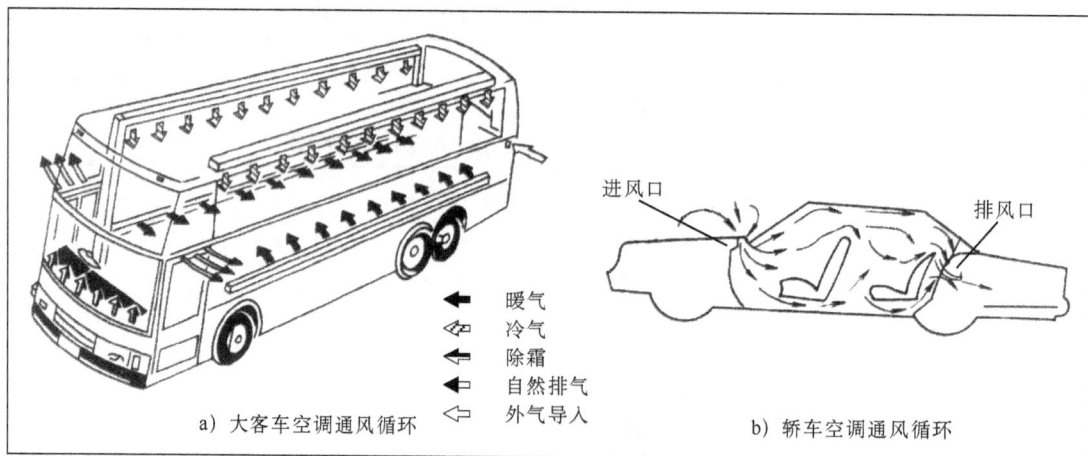

图4-13　汽车空调通风循环

汽车空调通风循环的分类：

（1）冷风、暖风独立式　如图4-14所示。当夏季时，车内空气在风机吹动下，通过蒸发器冷却后，吹向车厢内降低车内温度。冬季，车内空气与车外空气混合，在风机的吹送下，通过加热器升温，从中下风门输送到车内或经上风口吹向风窗玻璃进行除霜。

（2）冷风、暖风转换式　如图4-15所示。

当选择制冷功能时，混合气经蒸发器冷却后吹出。

当选择制热功能时，混合空气经加热器升温后由地板风口吹出。

当选择除霜功能时，热风由除霜风口吹向风窗玻璃。

当加热器和蒸发器全关闭时，送入车内的为自然风。

（3）半空调式　如图4-16所示。

车内循环空气和新鲜空气经风门调节混合后，先经过蒸发器冷却，后经风机送入风门调节，部分进入加热器，冷气出口不再进行调节，已经被除湿。

如果蒸发器不开，送出的是暖风；若加热器不开，则送出来的是冷风；若两者不开，则送出来的是自然风。

（4）全空调式　如图4-17所示。也称空气混合式，即新鲜空气和车内循环空气经风门调节后，由风机吹向蒸发器进行降温除湿，再经风门进入加热器加热，出来的冷气和热气混合后，按功能要求送入车内。

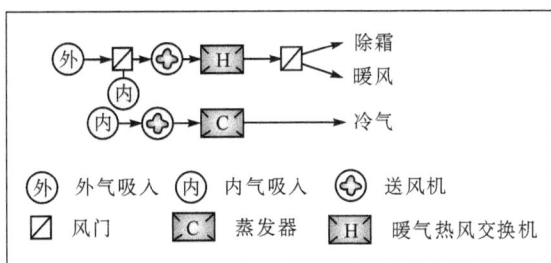

二、汽车空调污染空气净化原理

进入车内的空气由车外空气和车内循环空气两部分构成。车外空气受到环境的污染，如粉尘、烟尘以及汽车尾气排出的含有CO、CO_2、SO_2等有害气体；车内循环空气受到人的活动和工作过程的污染，如人体呼出的CO_2、身体散发出的汗味以及汽车废气通过缝隙漏入车内。这些都影响人体的健康，降低空气的舒适性。因此，汽车空调必须设净化装置。

汽车空调净化处理，主要是除去空气中的悬浮尘埃。此外，在某些高级豪华汽车空调中还设有除臭和空气负离子发生装置。

汽车在公路上行驶，悬浮粉尘是其最大的污染。悬浮粉尘主要由固体物质破碎形成的固体颗粒、燃烧不完全产生的固体烟尘、蒸发形成的烟气以及雾、花粉、细菌等组成。根据粉尘特性的不同，除尘净化可采取过滤除尘和静电除尘两种形式。

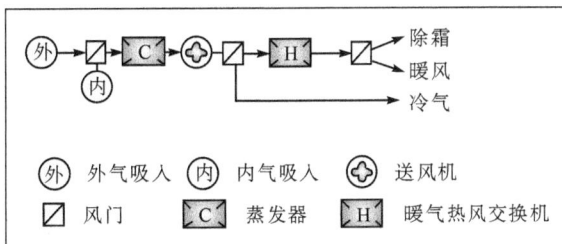

图4-14　冷风、暖风独立式

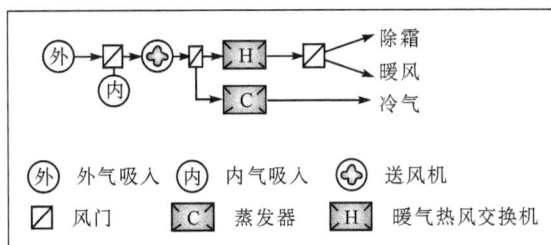

图4-15　冷风、暖风转换式

图4-16　半空调式

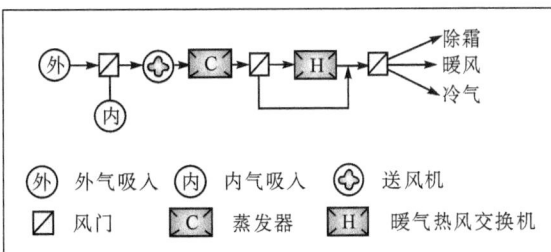

图4-17　全空调式

1. 过滤除尘

主要采用由无纺布、过滤纤维等组成的干式纤维过滤器对空气进行过滤除尘。对于较大的尘埃，可利用其惯性作用，来不及随气流转弯而碰在纤维孔壁上；对于微小颗粒，在围绕纵横交错的纤维表面做布朗运动时，和纤维接触而沉积下来，并且与纤维摩擦产生静电作用，被纤维吸附在其表面。

汽车空调中，一般选用直径约为 $10\mu m$ 的中孔聚氨酯泡沫塑料、化纤无纺布和各种人造纤维作过滤器。

2. 静电除尘

静电除尘是利用高压电极产生高压电场，对空气进行电离，使尘粒带电，然后在电场作用下产生定向运动，沉降在正、负电极上而实现对空气的过滤除尘。

静电式净化器的工作原理如图 4-18 所示，它由电离部、集尘部、活性炭吸附器三部分组成。电离部和集尘部可做成一体，也可分开，它是静电式净化器的主要组成部分。电离部在电极之间加以 5kV 的电压，产生电晕放电，粉尘被电离带上负电并被正极板吸引，正极板就是集尘部。在集尘部外加高电压，使粉尘受库仑力作用而附在正极板上。当集尘部上积灰达到一定量时，可进行清洗、除尘或更换。除去粉尘后的空气再用活性炭吸附，除去臭味及有害气体，净化后的空气被送至车厢内。有的净化器还设有负离子发生器，改善车厢内空气品质，以利于人体健康。

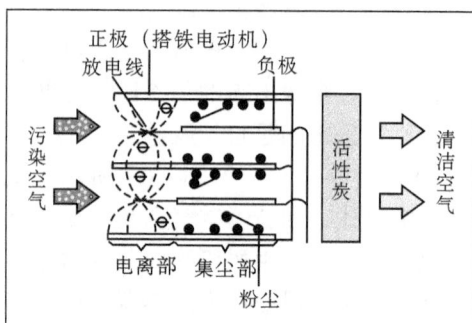

图 4-18　静电式净化器工作原理

三、配气系统

汽车空调配气系统的工作过程如图 4-19 所示。

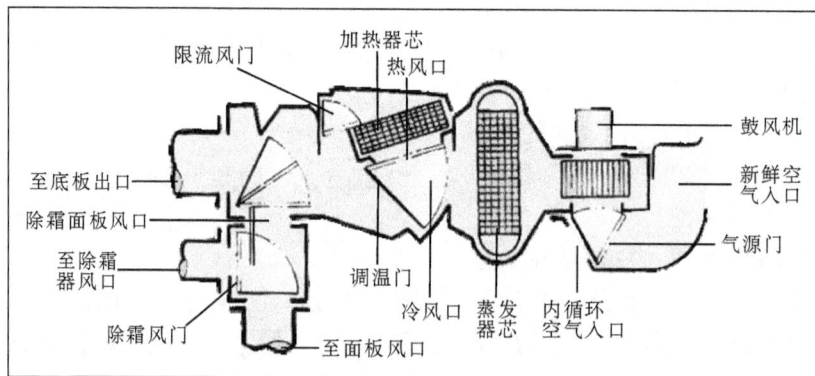

图 4-19　汽车空调配气系统的工作过程

汽车空调配气系统一般由三部分构成：第一部分为空气进入段，主要由气源门和伺服器组成，用来控制车内循环空气和车外新鲜空气进入；第二部分为空气混合段，主要由蒸发

器、加热器和调温门组成，用来调节所需温度的空气；第三部分为空气分配段，可使空气分别吹向面部、脚部和风窗玻璃上，主要包括中风门、下风门、除霜门和上、中、下风口。

工作过程： 空气进入段的气源门用于控制新鲜空气和车内空气的循环比例。例如，夏季车外空气温度较高、冬季车外温度较低的情况下，尽量开小风门叶片，使压缩机运行时间缩短。当汽车长期运行时，车内空气品质下降，这时应定期开大风门叶片。一般气源门开启比例为 15%~30%。

空气混合段的调温门主要用于调节通过加热器的空气量，发生降温除湿的变化。当调温门处于全开位置状态时冷空气经过加热器；当调温门处于全闭位置状态时冷空气不经过加热器。这样只要调温门处于全开或全闭位置，就可得到最高或最低温度空气。另外，也可调节调温门处于全开或全闭之间的不同位置，得到不同温度和湿度的空气。

空气分配段的除霜门、中风门、下风门，可调节空调风吹向风窗玻璃、乘员身体的中上部或脚部。另外，控制空调器内风机转速，可以调节空调风的流量，改变人体感觉的温度。

四、配气系统控制原理

在不同环境气温下，驾驶人要求汽车空调能提供新鲜、舒适的冷空气或暖气。驾驶人通过直接控制或设置控制面板各功能，间接地控制各风门的位置变化从而控制送风量。汽车空调配气系统各风门的位置变化主要有手动操作系统和真空操作系统。

1. 手动操作系统

常见的手动操作系统有机械操作装置和电动机伺服装置。

（1）机械操作装置　由操纵杆、拉索和风门组成，控制板上的操纵杆与拉索相连，拉索根据操纵杆的运动操纵风门。空调控制面板如图 4-20 所示。

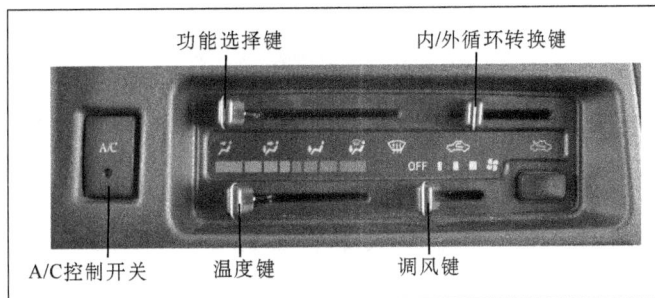

图 4-20　空调控制面板

手动拉索式空调系统配气控制原理：

1）功能选择键 位置：A/C 开关接通，温度键位于最冷（或最热），内/外循环转换键位于内循环位置（或外循环位置），调风键位于 1 档。配气分配图如图 4-21 所示。

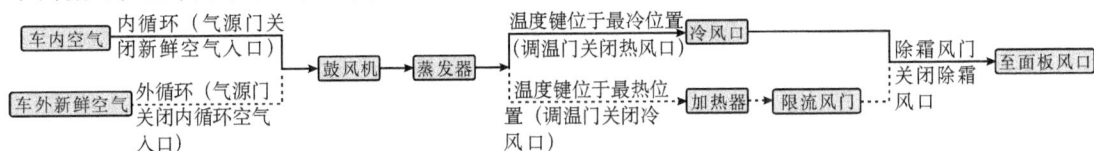

2）**功能选择键↻位置**：A/C 开关接通，温度键位于最冷（或最热），内/外循环转换键位于内循环位置（或外循环位置），调风键位于 1 档。配气分配图如图 4-22 所示。

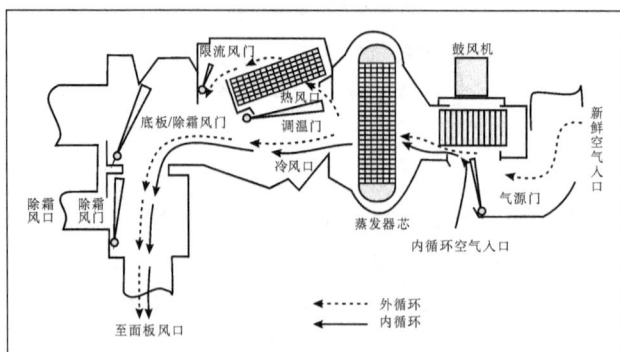

图 4-21　↻位置配气分配图

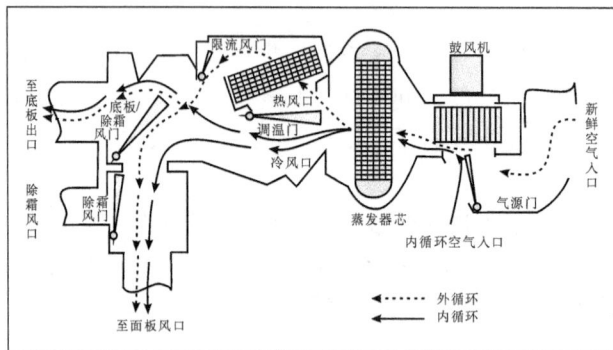

图 4-22　↻位置配气分配图

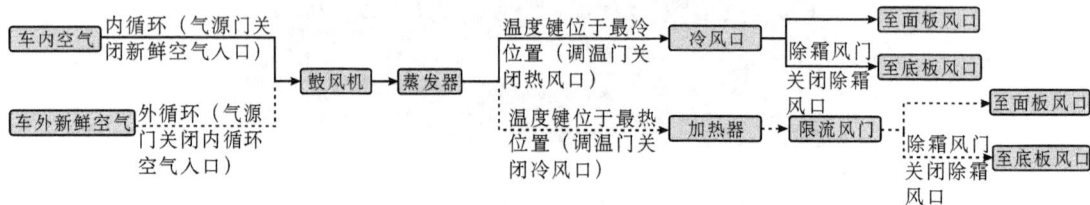

3）**功能选择键↓位置**：A/C 开关接通，温度键位于最冷（或最热），内/外循环转换键位于内循环位置（或外循环位置），调风键位于 1 档。配气分配图如图 4-23 所示。

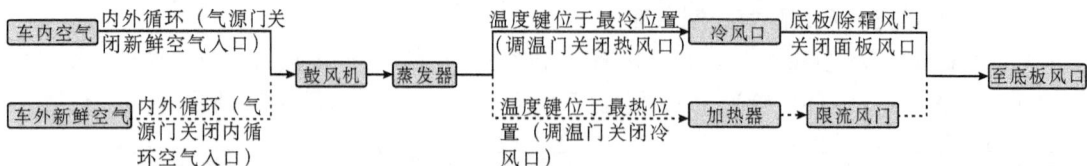

4）**功能选择键↻位置**：A/C 开关接通，温度键位于最冷（或最热），内/外循环转换键位于内循环位置（或外循环位置），调风键位于 1 档。配气分配图如图 4-24 所示。

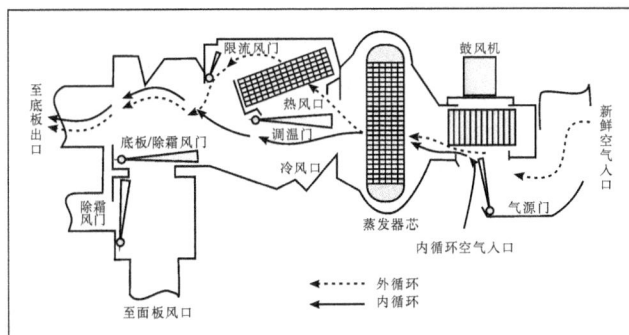

图 4-23 ⛄位置配气分配图

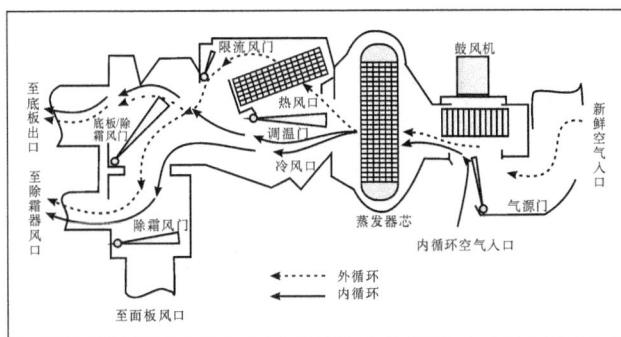

图 4-24 ⛄位置配气分配图

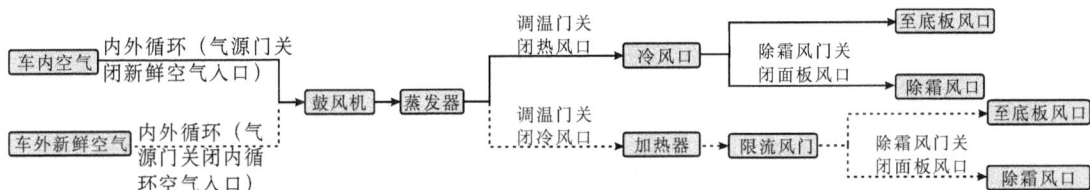

5) **功能选择键⛄位置**：A/C 开关接通，温度键位于最冷位置，内/外循环转换键位于内循环位置（或外循环位置），调风键位于 1 档。配气分配图如图 4-25 所示。

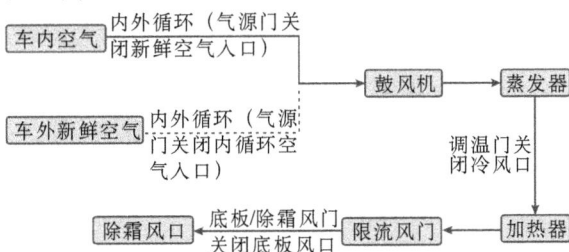

（2）**电动机伺服装置** 由伺服电动机、风门、控制面板及控制器组成（图 4-26），按下操纵板上的按钮，便可使伺服电动机运转，带动风门运动。

2. 真空操作系统

（1）**手动真空式控制系统组成** 空调器各种功能的真空回路控制如图 4-27 所示，主要由配气系统和真空系统组成。

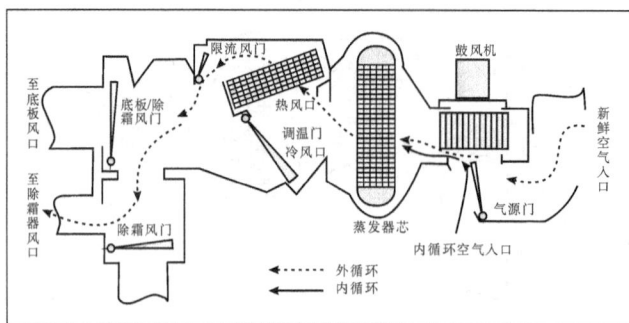

图 4-25　位置配气分配图

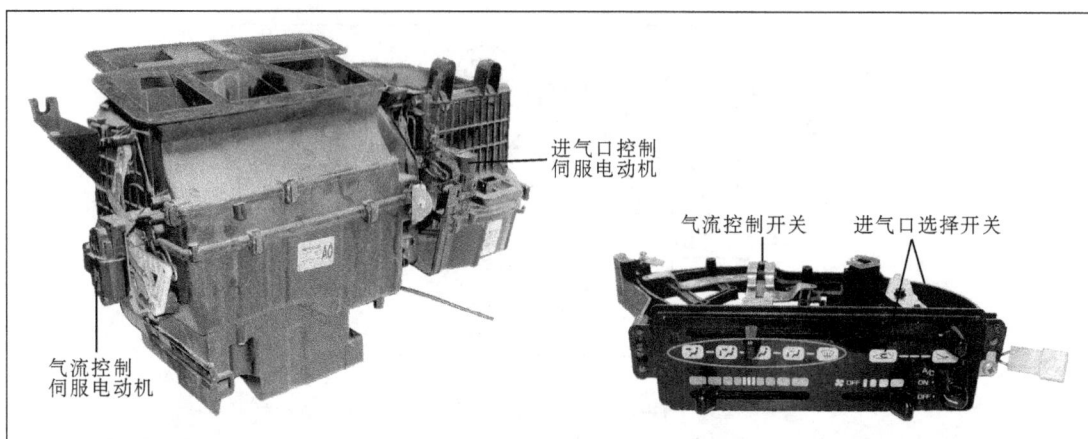

图 4-26　电动机伺服装置

真空操作系统包括真空罐、真空控制执行器、高枕空管路。其中真空选择面板的功能选择键控制，共有 OFF、MAX、A/C、Bi—Level、Vent、Heater、Defrost 七个功能位置，如表 4-3 所示。

表 4-3　空调功能键

	空调功能键	功能说明		空调功能键	功能说明
1	OFF	停	5	Vent	通风
2	MAX	最凉	6	Heater	暖气
3	A/C	正常空调	7	Defrost	除霜
4	Bi—Level	双层出风			

真空控制执行器包括气源门真空驱动器、热水阀真空驱动器、上风口和中风口真空驱动器、下风口真空驱动器。

配气系统包括气源门、蒸发器、加热器、调温门和上下风门。

功能选择键在各种不同的位置时，通过一条或几条真空管路，驱动一个或几个真空驱动器工作，从而调节一个或几个阀门（风门）的位置，使空调发挥出相应的功能。

如图 4-27 所示，真空源由发动机进气歧管引进来，在真空罐中储存，然后再通过真空管和真空接头或空调真空控制器相连，并由真空控制器分别控制各个真空驱动器的工作。

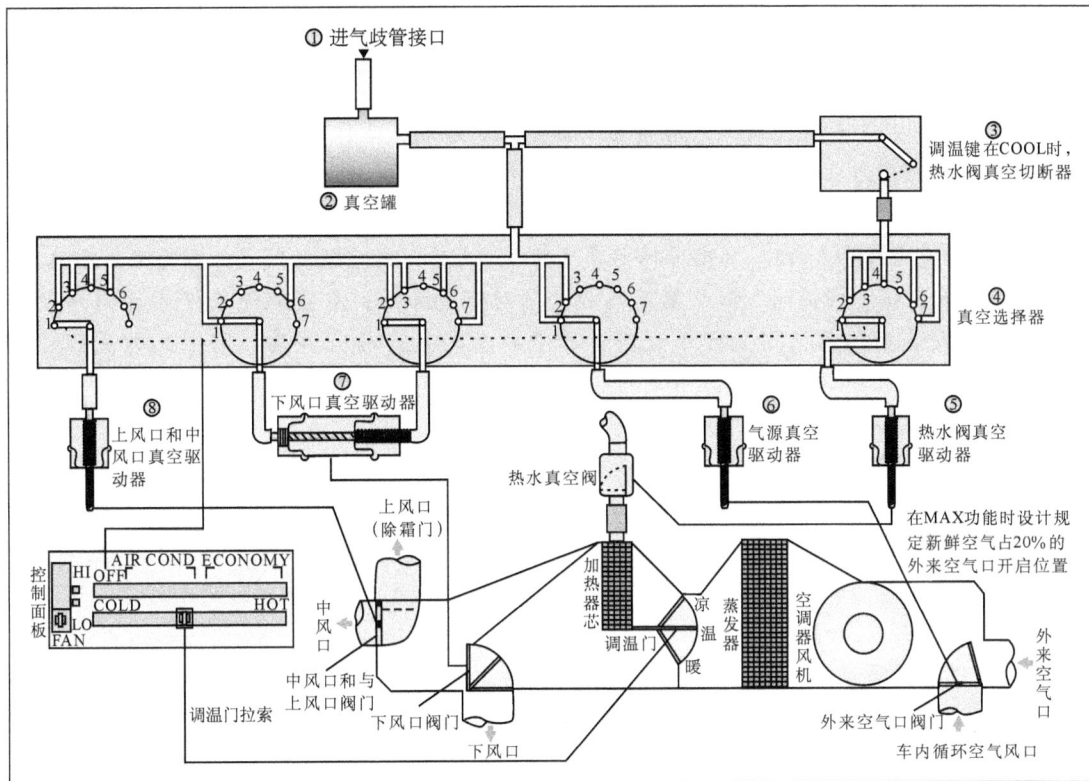

图 4-27　手动空调系统的真空控制系统组成

调温键控制调温门，它通过拉索来控制，以进行空调温度调配。

（2）手动真空式控制原理

1）**功能选择键在 OFF 位置**：真空选择器置于真空通路 1，此时真空驱动器⑥处于真空作用，关闭车门空气阀，真空驱动器⑦左侧为真空作用，打开下风口阀门，真空驱动器⑤、⑥为无真空作用，关闭热水真空阀和中风口，但除霜门打开。由于外来空气口关闭，上风口没有空气进来。

2）**功能选择键在 MAX 位置**：真空通路为选择器中的 2，此时真空驱动器⑥为真空作用，外来空气口在设定位置上，让 20% 的车外空气和 80% 的车内循环空气进入空调器。真空驱动器⑦右端为真空作用，则关闭下风阀门，下风口没有空气进来；真空驱动器⑧为真空作用，则打开中风口，关闭上风口，让空气从中风门出来，吹人体上部。真空热水阀的通断受调温键控制，此时，调温键在 COOL 位置，故热水阀关闭冷却水进入加热器芯的通路，如果稍微移动调温键偏离 COOL 位置，这时由于选择器已接通真空回路，所以冷却水还是会通到加热器。

3）**功能选择键在 A/C 位置**：真空通路为选择器中的 3，此时，只要调温键离开 COOL 位置，热水阀真空切断器便接通真空管路，真空驱动器⑤为真空作用，则打开热水阀，加热

器便通入冷却液，由于移动调温键，拉索将调温门打开，加热器外侧便通入冷空气，调温键的位置决定温度门位置，从而决定了空调的温度，真空驱动器⑥为无真空作用，则外来空气口打开，车内循环空气口打开，从而打开车外空气阀门。真空驱动器⑦为右侧真空作用，左侧为无真空作用，故关闭下风口；真空驱动器⑧为真空作用，将中风口打开，关闭上风口，所以，车外的空气经蒸发器降温减湿后，从中风口吹人体上部。

4) **功能选择键在 Bi—Level**：真空选择器在通路4，真空驱动器⑥为无真空作用，车内循环空气口关闭，车外空气进入；真空驱动器⑦两端为无真空作用，下风口此时处于半开状态；真空驱动器⑧为真空作用，关闭上风口，将中风口打开。压缩机继续运行，这时空调风从中风口和下风口分两层吹入车内。

5) **功能选择键在 Vent**：真空选择器在通路5，此时，真空驱动器⑤、⑥为无真空作用，车外空气进入，热水阀关闭，加热器无热源，不对空气加热；真空驱动器⑦右侧为真空作用，左侧为无真空作用，则关闭下风门；真空驱动器⑧为真空作用，则上风口关闭，打开中风口，压缩机和真空选择器不运行，即外来空气不被加热，亦不被冷却，从中风口送进车内。

6) **功能选择键在 Heater**：真空选择器的6与真空气路相通，此时，真空驱动器⑤为真空作用，热水阀开启，加热器运行；真空驱动器⑥为无真空作用，关闭车内循环空气口，打开外来空气口；真空驱动器⑦左侧为真空作用，右侧为无真空作用，下风口打开；真空驱动器⑧为无真空作用，中风口关闭，上风口打开，即没有降温，但被加热过的车外空气从上风口吹向风窗玻璃，被加热的空气从下风口吹向脚部。

7) **功能选择键在 Defrost**：真空选择器的7与真空气路相通，此时，真空驱动器⑤为真空作用，热水阀开启，加热器工作；真空驱动器⑥为无真空作用，关闭车内循环空气口，外来空气口打开；真空驱动器⑦的右侧为真空作用，左侧为无真空作用，故下风门关闭；真空驱动器⑧为无真空作用，中风门关闭，上风门打开，即被加热过的车外空气吹向风窗玻璃去除霜。

（3）真空驱动器 真空驱动器有四种基本类型：单膜片双位置真空驱动器、单膜片可变位置真空驱动器、双膜片三位置真空驱动器和双孔双动作式真空驱动器。

真空驱动器通常称为真空电动机式动力伺服机构。它能自动用来控制风门，改变真空传送器中的真空信号。真空传送器是电真空阀，能将开关或其他元件的电子信号转换为真空信号。真空驱动器不是常开就是常闭。当释放真空时，常开真空驱动器必须保持常开状态，常闭真空驱动器控制阀必须保持常闭状态。常开真空驱动器与常闭真空驱动器不能互换。为了预防真空系统出现故障，大多数现代空调真空装置都是常开型，并且在安全模式运行。例如，散热器冷却控制阀就是由常开真空驱动器控制，如图4-28所示。

1) **单膜片双位置真空驱动器**：如图4-29所示。它由外壳、内部膜片、与膜片相连的拉杆以及弹簧组成。膜片通过一个小孔与外部空气压力连通。

当没有真空作用在膜片上时，弹簧将拉杆顶在最高位置。当真空迫使膜片向真空小孔移动时，拉杆随着一起移动。拉杆只有两种位置，全进或全出。这种类型的真空驱动器通常用来控制风门。

2) **单膜片可变位置真空驱动器**：如图4-30所示。它由分开的真空阀控制，拉杆可以在任何位置，取决于作用在膜片上的真空度。通用汽车公司在某些车型就使用这种真空驱动器

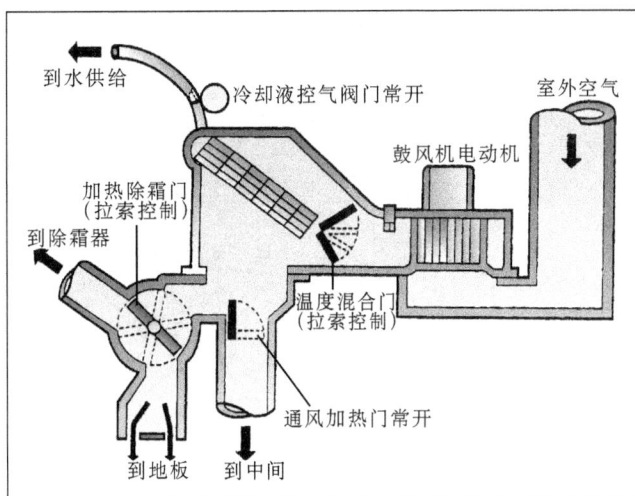

图 4-28　真空驱动器工作图

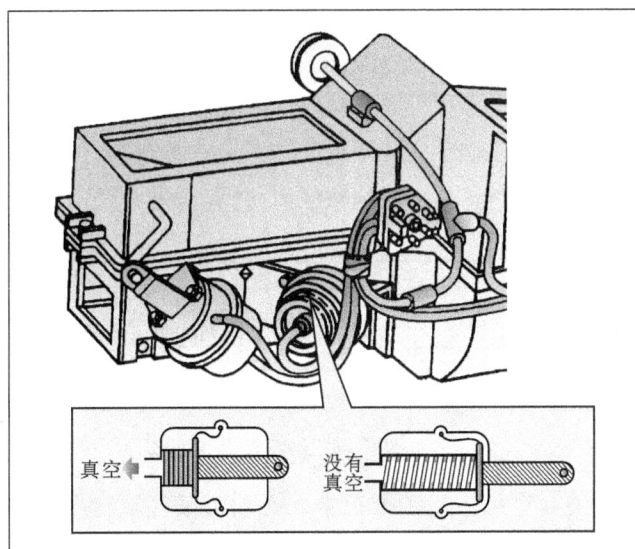

图 4-29　单膜片双位置真空驱动器

来控制可变风门的位置。

3）**双膜片三位置真空驱动器**：如图 4-31 所示。它具有两个膜片和两个真空室。当没有真空时，拉杆完全伸出，当向一个真空室提供真空时，拉杆就处在一半的位置。如果两个真空室都提供真空就会将拉杆完全拉出。

4）**双孔双动作式真空驱动器**：如图 4-32 所示。它通过真空向两个方向工作，当没有真空时拉杆停在中间

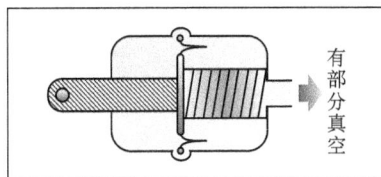

图 4-30　单膜片可变位置真空驱动器

位置。在一端施加真空时就将拉杆拉出这一端，在另一端施加真空时就将拉杆拉出另一端。

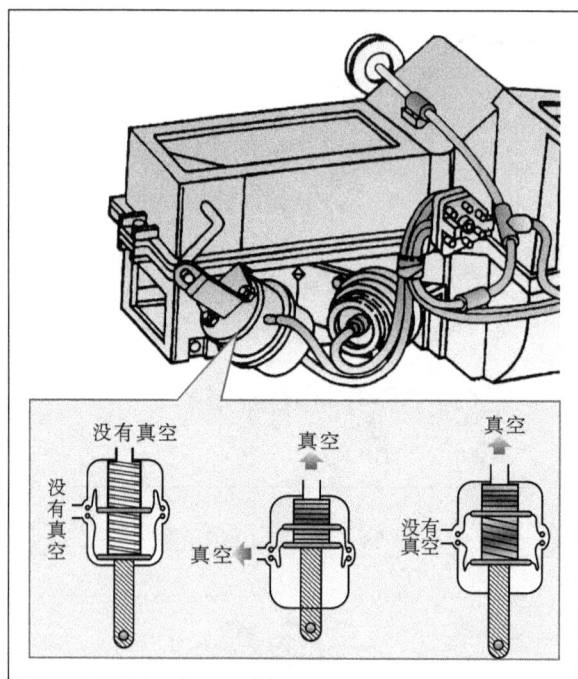

图 4-31 双膜片三位置真空驱动器

这种驱动器通常用来控制双向门，如调节加热器双片门(混合风门)。

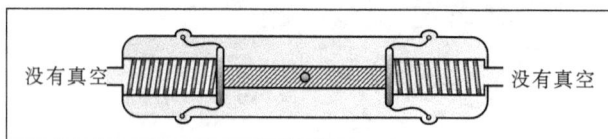

图 4-32 双孔双动作式真空驱动器

（4）真空阀 为了使真空阀控制工作正常，必须对某些执行器施加真空而对另外一些执行器不施加真空。例如，当需要空调时，真空可以控制移动混合风门的执行器，用来向特定的执行器提供真空。汽车制造商使用不同类型的真空阀选择器，但是所有的操作原理都相同，真空阀如图 4-33 所示。

在真空阀中，它有一个与真空管相连的带进气孔的真空室，该真空管与进气歧管真空相连，真空管提供到达进气容器的通道，阀体上带出口的真空室与空调系统相连。当带出口的真空室打开时，真空就进入执行器。真空室的出口开与关是由半自动系统的拉杆所控制，或者由全自动系统真空电磁阀控制。当选择器改变位置时，不同真空出口就被里面的阀门关闭或打开。

当真空出口打开时，真空室中的真空就作用在与该出口相连接的执行器上，使执行器改变位置。

继电器真空阀的检查如图 4-34 所示。

空调系统的真空阀有时不依赖驾驶人的信号输入，而受特定的发动机工况控制，例如，

功能选择操纵杆

鼓风机
控制开关

后风门加热
器或防雾灯
开关

照明线束

鼓风机和压缩机
离合器选择开关

温度控制杆

真空选择阀门

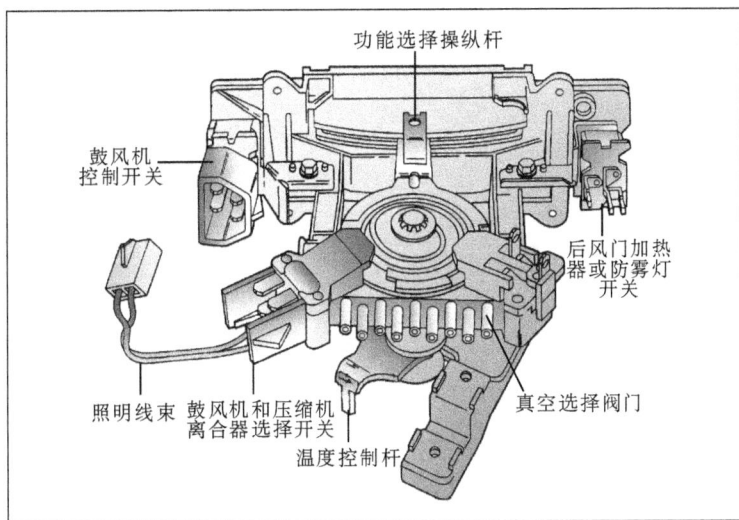

图 4-33 真空阀工作图

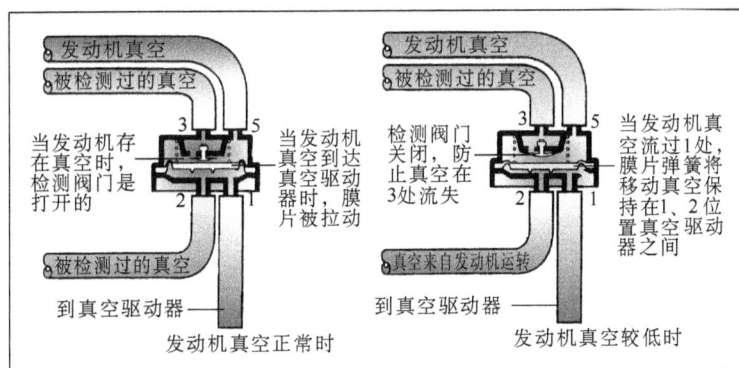

发动机真空

被检测过的真空

当发动机存
在真空时，
检测阀门是
打开的

当发动机
真空到达
真空驱动
器时，膜
片被拉动

被检测过的真空

到真空驱动器

发动机真空正常时

发动机真空

被检测过的真空

检测阀门
关闭，防
止真空在
3处流失

当发动机真
空流过1处，
膜片弹簧将
移动真空保
持在1、2位
置真空驱动
器之间

真空来自发动机运转

到真空驱动器

发动机真空较低时

图 4-34 真空阀的检查部位

使用在福特车型上的热风机锁止开关就是这
个结构，如图 4-35 所示。

（5）真空室 进气歧管的真空度取决于
发动机的转速和真空位置，在正常操作中真
空度可在 0~84.7kPa 之间连续变化。如果这
个变化的真空直接作用于真空执行器，它们
的动作就会从非常微小的移动变化到猛烈的
运动，这种动作会造成空调元件工作不稳
定。真空室（图 4-36）可以解决这种问题。当
进气歧管真空度降低时，它能够让空调系统
使用所储有的真空；当发动机真空度较高
时，空气就从真空室通过单向检查阀抽出，

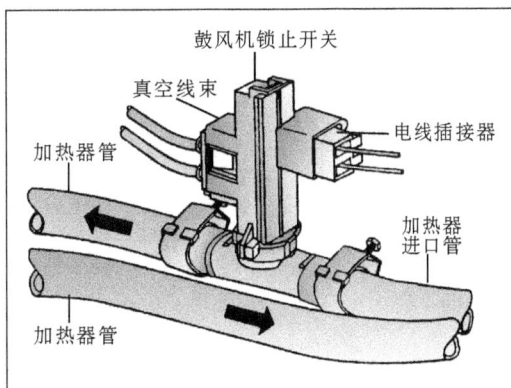

鼓风机锁止开关

真空线束

电线插接器

加热器管

加热器
进口管

加热器管

图 4-35 福特真空阀

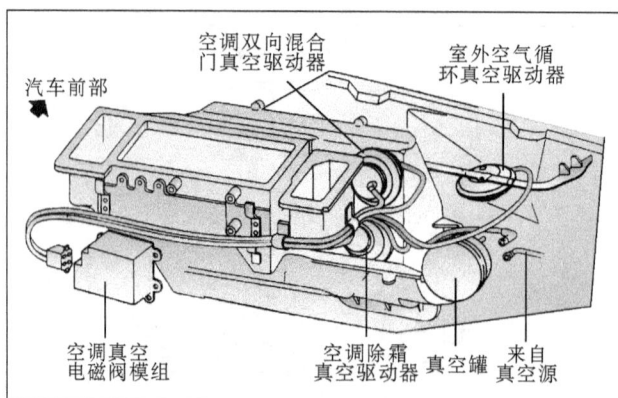

图 4-36 真空室

如图 4-37 所示。

大多数系统都有一个或两个真空室，有的系统会附带一个小的真空室或真空罐，如图 4-38 所示。

真空室的体积足以通过几次循环来控制工作。当几次循环之后，发动机真空将上升到足以在真空室中储存真空，某些执行器的真空管中安装有限流器，如图 4-39 所示。限流器具有让执行器的动作降低或延缓的作用，使执行器工作更加平缓。

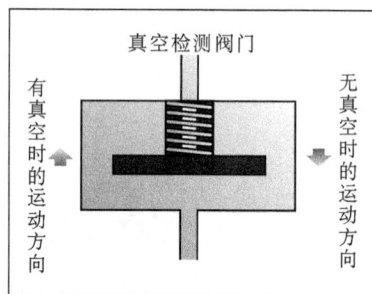

图 4-37 真空室结构

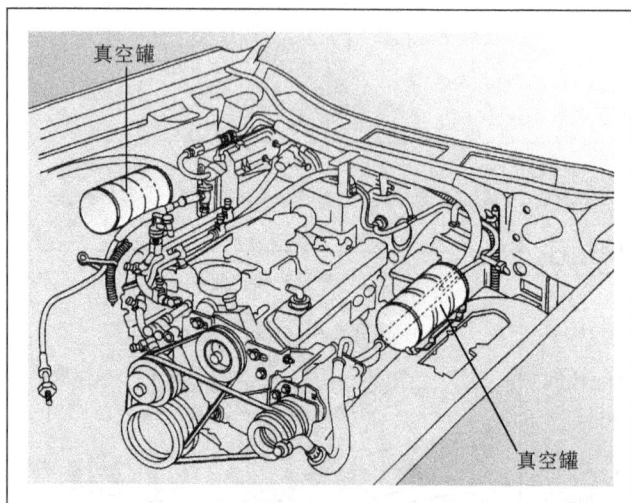

图 4-38 真空罐

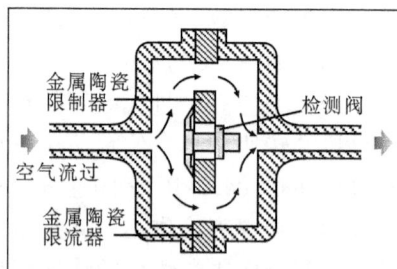

图 4-39 限流器结构

第五章

大型客车空调系统

一、大型客车空调的类别

1. 非独立式空调系统

空调所需要的动力均来自主发动机，其供暖一般利用发动机冷却液或废气的余热。

2. 独立式空调系统

有专用发动机驱动的制冷压缩机和设立独立的供暖设备。大型客车和豪华中型客车由于所需制冷量和暖气量大，一般采用这种空调系统。

二、大型客车空调的布置

1. 分体式

大型客车空调分体式的布置形式如表 5-1 所示。

表 5-1　大型客车空调分体式的布置形式

布　置　形　式	细　　　　节		元　器　件	位　　　　置	
蒸发器+冷凝器机组顶置	前顶置		冷凝器	后置(车身后部底下)	
	后顶置			裙置(车身中部底下)	
	中央顶置			前置(发动机室)	
蒸发器顶置	前顶置		压缩机	压缩机+冷凝器机组	后置
	后顶置				裙置
	中央顶置	中央集中顶置			前置
		中央分散顶置		压缩机单独安装	
				压缩机+柴油机(驱动安装)	

2. 整体式

大型客车空调整体式的布置形式如表 5-2 所示。

表 5-2　大型客车空调整体式的布置形式

元　器　件	位　　　　置
冷凝器+蒸发器+风机+独立发动机+散热器	裙置
	后置
	前置

三、大型客车空调组成特点

1. 非独立式空调系统

下面以厦门金龙 XMQ6112/6113 客车装配的 KQZ9.3 型非独立式空调为例加以说明，如图 5-1 所示。

（1）压缩机　压缩机的功能是将系统内的制冷剂 R134a 气体加以压缩，使之在系统内进行冷循环。

（2）冷凝器　冷凝器为全铝管式热交换器，其作用是将压缩机排出的高温高压制冷剂气体冷却，使之成为高温高压液体。冷凝器的热量靠两只轴流风扇抽取车外空气冷却；冷凝器安装于汽车大梁外侧，地板下方，车身外壳的裙部有进风窗。

（3）膨胀阀　本机组采用的是外平衡式热力膨胀阀，安装在蒸发器的进口处，其作用是将高温高压液体等焓节流成低温低压的两相流，并在蒸发器内进行蒸发吸热。膨胀阀是一种

图 5-1　厦门金龙客车空调机组

感温感压的自动阀，用来调整进入蒸发器的制冷剂的流量和压力。

（4）蒸发器　蒸发器为铜管套铝片式热交换器。它安装于车顶部，车内顶盖板的上方。顶盖的下部有进风窗口，车内顶两侧有风道。空调从风道的出风口吹出。蒸发器上装有离心式风机，用来抽取经蒸发器冷却过的车厢内空气，再经过风道送回车厢。蒸发器内部由管道和散热片组成，由膨胀阀出来的低压制冷剂在蒸发器管道内进行蒸发(汽化)。在"汽化"过程中吸收热量，对车厢内的空气进行冷却。

（5）储液干燥器和视液镜　储液干燥器和冷凝器组装在一起，用来临时存储冷凝器液化的制冷剂并进行干燥和过滤处理。储液干燥器由储液罐、干燥剂、滤网、吸入管、易熔塞等组成。它的作用是过滤制冷剂和空调系统常会出现的各种污物及金属粉末(这些杂物极易堵塞膨胀阀和损坏压缩机)，并吸收制冷剂中的湿气。空调系统要求湿气越少越好，因湿气会冰塞并腐蚀系统。储液干燥器是个不可拆容器，应定期更换。储液器顶部装有易熔塞；易熔塞的中部开有小孔，孔中灌有低熔点金属。当高压侧温度和压力达到(102±2)℃和2.9MPa 时，低熔点金属就熔化，把制冷剂放到大气中去，从而防止整个系统的损坏。

视液镜装在冷凝器总成高压管路上，在调试和运行时通过视液镜检查系统内的制冷剂状况。

2. 独立式空调系统

以厦门金龙 XMQ6112/6113 客车装配的万都 MBA—240R—SUB 型独立式空调为例加以说明。

（1）组成及特征　万都的客车空调器(MBA—240R—SUB 型，MBA—220R—SUB 型)由

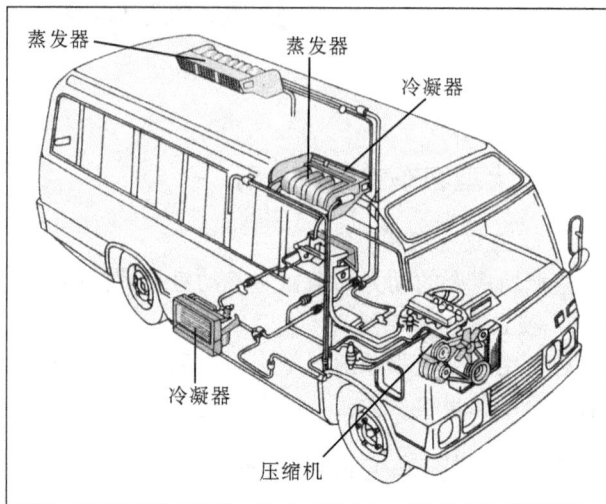

动力装置、蒸发器、冷凝器和控制板组成。

　　作为驱动压缩机的辅助发动机的动力装置被安装在车辆的底盘上（在车体上的水平部分），并由4个悬架螺栓固定在一个橡胶支架上。冷凝器和蒸发器被安装在车顶，控制板被安装在驾驶人座位的附近。

　　冷凝器和蒸发器用来对周围的空气进行热力交换，它们的设计在夏季任何炎热的天气中都能充分发挥其制冷能力。其特性为：该系统可以根据车外的温度而调节其压缩速度为低、中、高档，并且也可以调节送风机的速度。通过调整空气调节能力，可以确保所控制空间保持适宜温度。

　　1）发动机、压缩机和送风机电动机的耐用性极佳。

　　2）冷凝器、散热器和蒸发器重量轻。即使在热带气候而且车辆停止的情况下，它们对周围空气也可以发挥极高效的热交换功能。

　　3）控制板上的灯、蜂鸣器、指示器和开关的设置，可以使驾驶人非常容易地检查正在运行当中的空气调节系统的运行状况。

　　（2）控制板及制冷操作　控制板被安装在驾驶人座椅左手边，通过它可以控制空调机，所有的操作状况和警报都在操作板正面显示，如图5-2所示。

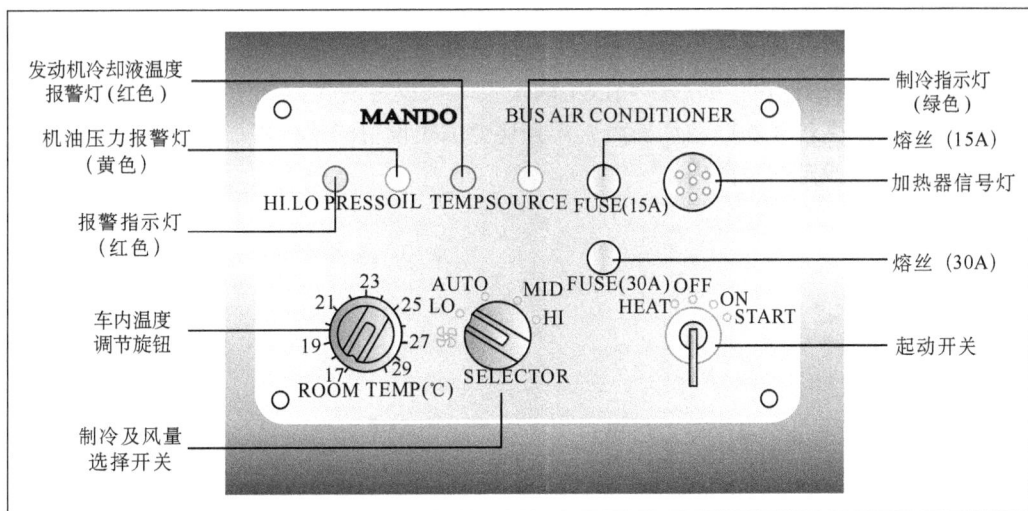

图 5-2　控制板示意图

　　1）**操作前检查：**

　　① 打开空调器主开关。

　　② 调整选择开关到"低"位置。

　　③ 将起动开关置于"开始"位置，检查"油"灯是否亮。

　　④ 检查送风电动机的转动情况。

　　2）**操作：**

　　① 将选择开关置于"低"位置。

　　② 将起动开关置于"热"位置，检查加热器信号灯是否变红，然后将起动开关置于"开始"位置，当发动机起动后，放开起动开关。发动机起动后"OIL"指示灯将熄灭数

秒钟。

③ 当发动机变热后，根据车内温度将选择开关置于中档、自动档或高档位上。

3）**制冷调节**：有低、中、高和自动四档制冷选择。

4）**停机**：

① 一般情况下停机：将开关拨至"关"位置时，发动机停车装置将运转，并且空调停止。

② 自动紧急停车：若以下故障发生，则报警指示灯亮起，蜂鸣器发出响声，空调机自动停机。

a. 制冷循环压力正常升高（"高、低压"报警指示灯亮起）。

b. 发动机冷却液温度不正常升高（"温度"报警指示灯亮起）。

c. 制冷循环压力不正常降低（"高、低压"报警指示灯亮起）。

（3）**副发动机**(多用于空调系统)

1）**发动机转速变化**：开启和关闭发动机控制杆，可以使发动机的转速变化。连接控制杆的二级电磁阀中的电流还可以开启燃油管路，以提高发动机的转速。

当二级电磁阀不工作时，发动机转速为1100r/min。

当电磁阀第一级工作时，发动机转速提高至1400r/min。

当电磁阀第二级工作时，发动机转速进一步提高至1700r/min。

2）**发动机转速的设定**：如果空调以不同于发动机设定的转速连续运转，特别是在低速状态下，不仅会产生较大的振动和噪声，而且还会缩短设备的使用寿命，所以每日应检查发动机转速是否处于设定的范围内。

第六章

汽车自动空调原理与典型电路分析

第一节　汽车自动空调原理

一、奥迪 A6 车系自动空调

奥迪 A6 全自动空调系统除了能实现对温度、鼓风机转速、空气分布的控制之外，还能实现空气循环的转换。并且在空调控制面板上独立设置了前后温度调节键以及左/右座椅加热控制旋钮，根据个人不同愿望对空气分布进行调节以实现不同的温度，从而很好地提高了舒适性。

1. 自动空调制冷系统元件分布图

（1）空调制冷系统元件在发动机舱内的布置　如图 6-1 所示。

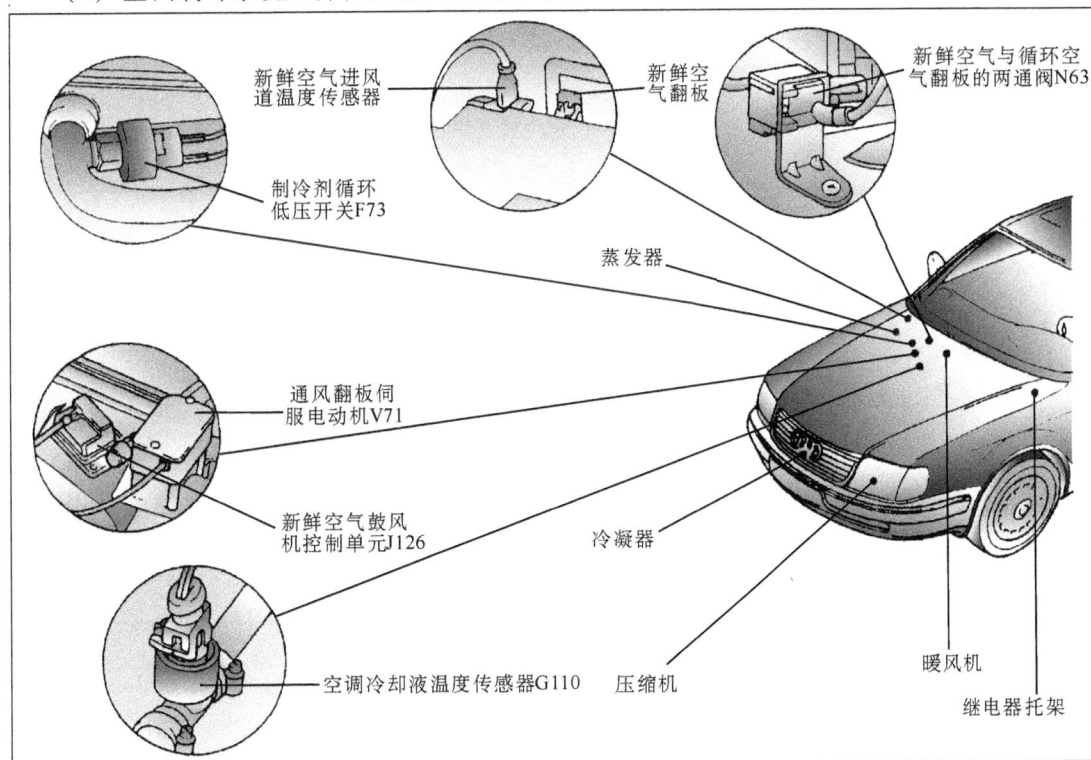

图 6-1　空调制冷系统元件在发动机舱内的布置

注：在奥迪 A6 车系中，一般称风门为翻板。

（2）空调制冷系统元件在驾驶室内的布置　如图6-2所示。

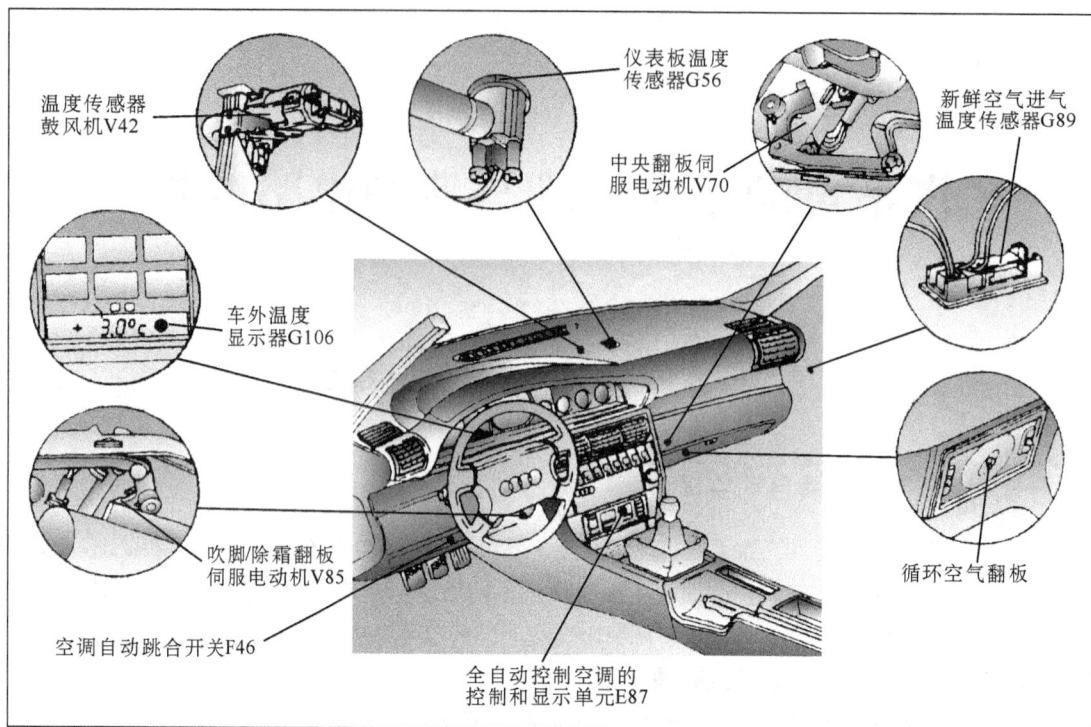

温度传感器
鼓风机V42

仪表板温度
传感器G56

新鲜空气进气
温度传感器G89

中央翻板伺
服电动机V70

车外温度
显示器G106

吹脚/除霜翻板
伺服电动机V85

循环空气翻板

空调自动跳合开关F46

全自动控制空调的
控制和显示单元E87

图6-2　空调制冷系统在驾驶室内的布置

2. 空调系统的组成及主要部件工作原理

（1）空调系统的组成　如图6-3所示。

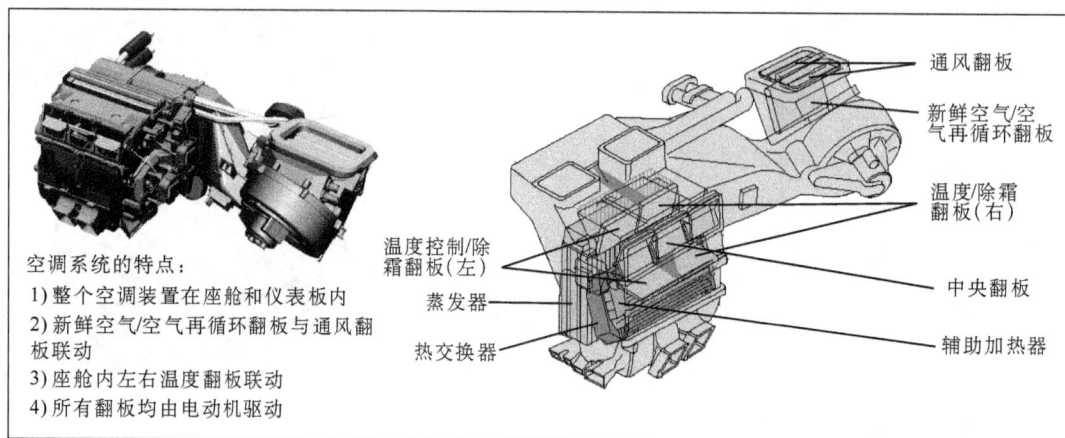

空调系统的特点：
1) 整个空调装置在座舱和仪表板内
2) 新鲜空气/空气再循环翻板与通风翻板联动
3) 座舱内左右温度翻板联动
4) 所有翻板均由电动机驱动

通风翻板

新鲜空气/空
气再循环翻板

温度/除霜
翻板（右）

温度控制/除
霜翻板（左）

中央翻板

蒸发器

辅助加热器

热交换器

图6-3　空调系统的组成

（2）空调控制单元、传感器及执行元件　如图6-4所示。

（3）空调系统主要部件及其工作原理

1）**通风翻板和新鲜空气/空气再循环翻板。**

通风翻板伺服电动机V71和电位计G113

除霜翻板伺服电动机V107和电位计G135

左温度翻板伺服电动机V158和电位计G220

右温度翻板伺服电动机V159和电位计G221

中央翻板和吹脚翻板伺服电动机V70和电位计G112

传感器光敏电阻

空调控制和显示单元E87

仪表板温度传感器G56和温度传感器鼓风机V42

车外温度传感器G17

新鲜空气进气温度传感器G89

左出风口温度传感器G150

右出风口温度传感器G151

吹脚出风口温度传感器G192

空调压力开关F129

辅助信号

自诊断接口

新鲜空气鼓风机V2和鼓风机电控单元J126

电磁离合器N25

辅助信号

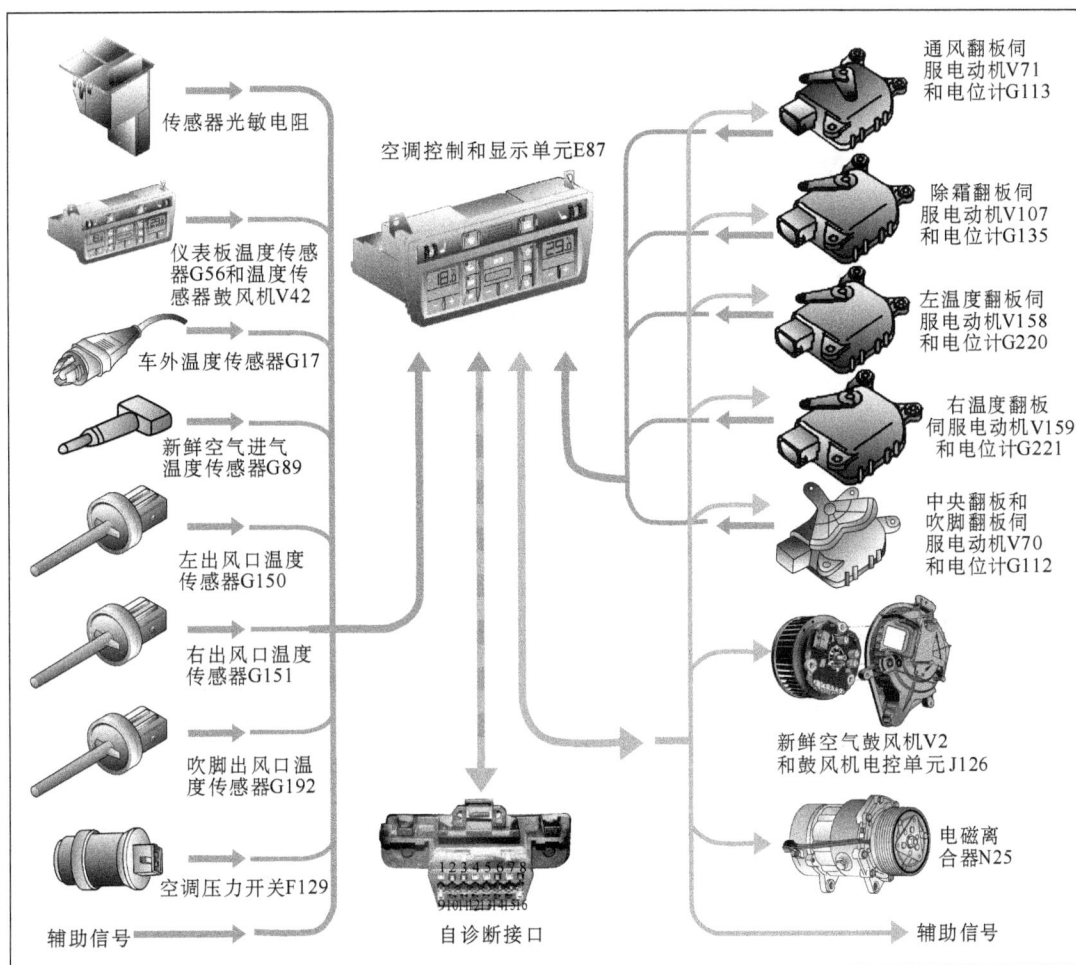

图 6-4　空调控制单元、传感器及执行元件

① 调整机构，如图 6-5 所示。

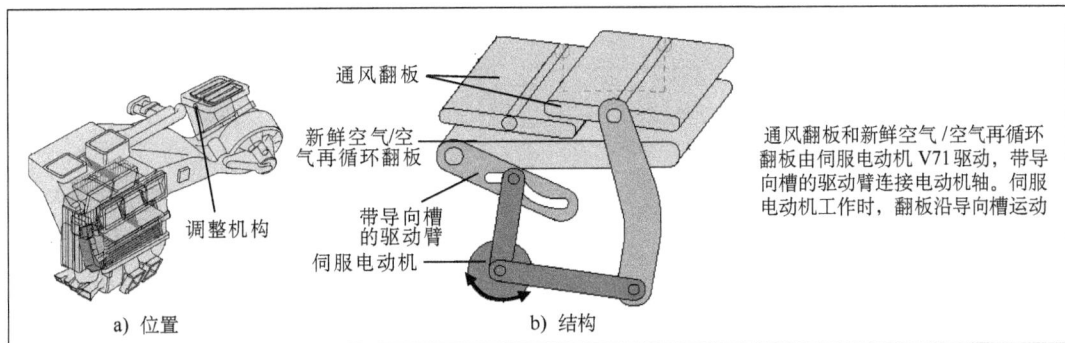

通风翻板

新鲜空气/空气再循环翻板

带导向槽的驱动臂

伺服电动机

调整机构

通风翻板和新鲜空气/空气再循环翻板由伺服电动机 V71 驱动，带导向槽的驱动臂连接电动机轴。伺服电动机工作时，翻板沿导向槽运动

a) 位置　　　　　　b) 结构

图 6-5　调整机构

② 新鲜空气流动情况，如图 6-6 所示。

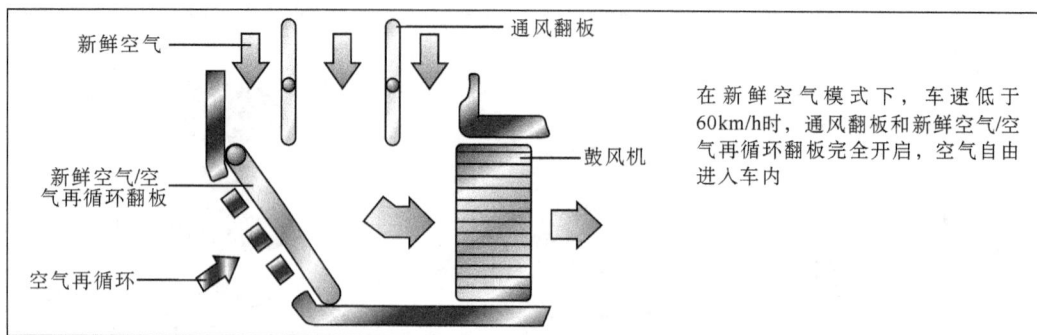

图 6-6　新鲜空气模式

③ 通风模式，如图 6-7 所示。高速行驶时，通风翻板按空调状态逐渐关闭，保持进入车内的气流恒定。在供暖模式下，通风控制不起作用。当时速超过 220km/h 时，通风翻板完全关闭。少量空气通过进气管上的一个缝隙进入车内。

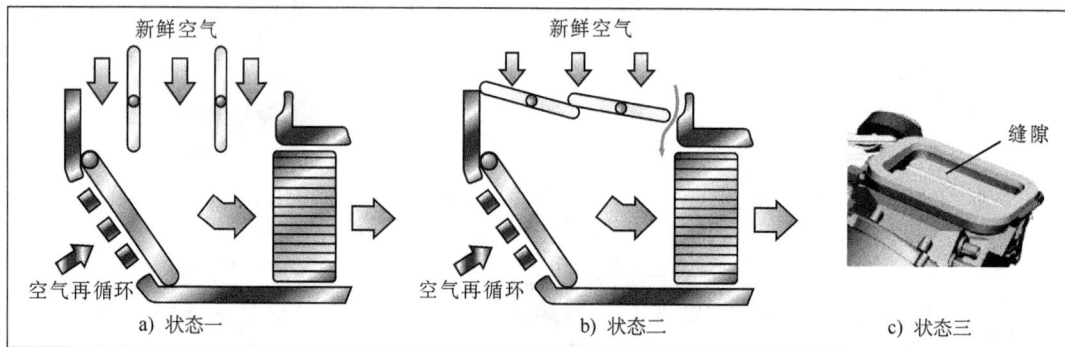

图 6-7　通风模式

④ 空气再循环模式，如图 6-8 所示。在空气再循环模式下，通风翻板关闭，空气再循环翻板上移至关闭位置，新鲜空气被隔断，从座舱内抽入空气。

⑤ 空气分配，如图 6-9 所示。车内空气的分配由装在空调内的翻板控制。控制翻板可把空气引至各个出风口。所有翻板均由伺服电动机控制。空气翻板位置可自动控制，也可

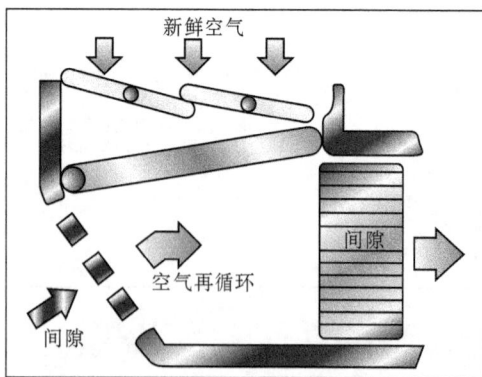

图 6-8　空气再循环模式

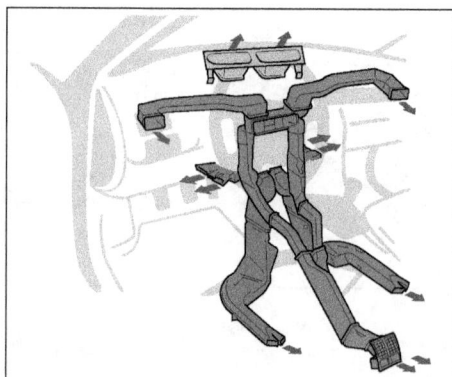

图 6-9　空气分配示意图

用控制和显示单元手动控制。

2）**温度翻板**：座舱左、右侧可设定不同的温度。通过空气分配箱，气流可分别按冷、热状态进入左、右两侧车内。

控制温度翻板的位置即可控制进入车内的冷热空气的比例，使车内达到所需的温度。

温度翻板的工作情况如图 6-10 所示，温度翻板的位置如图 6-3 所示。温度翻板由左、右侧伺服电动机 V158、V159 控制。

3）**除霜翻板**：在除霜模式下，除霜翻板打开，各出风口均关闭。全部气流流向前风窗及侧窗，保证尽快除霜，如图 6-11 所示，除霜翻板的位置如图 6-3 所示。

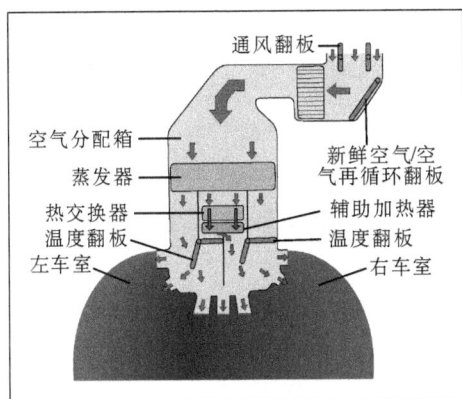

图 6-10　温度翻板工作示意图

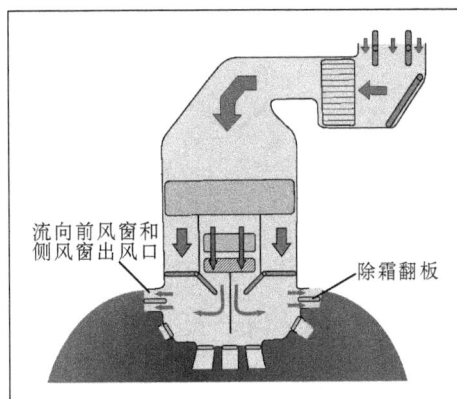

图 6-11　除霜模式

4）**中央翻板和吹脚翻板**：流向仪表板和脚部的空气由三件式中央翻板和吹脚翻板控制。两翻板均由端点伺服电动机 V70 控制。带有不规则导向槽和连杆的驱动臂将翻板轴连到电动机上。

中央翻板和吹脚翻板的工作情况如图 6-12 所示，中央翻板的位置如图 6-3 所示。

除霜翻板由伺服电动机 V107 控制。电动机工作时，翻板位置由导向槽控制。

5）**阳光传感器 G107**：车内温度由阳光传感器控制。该传感器测量从车前及左、右侧照射到乘员身上的阳光强度，按入射光方向提高车内阳光强的地方的制冷效率。

阳光传感器 G107 如图 6-13 所示。

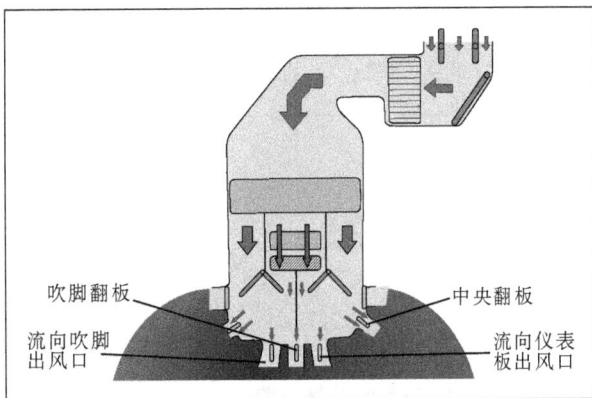

图 6-12　中央翻板和吹脚翻板工作示意图

① **工作过程**：阳光通过滤光器和一个光学元件照射到两个光敏二极管上。滤光器可滤去照到光学元件上的紫外线，光学元件将阳光折射到光敏二极管上。

光敏二极管为高灵敏度半导体元件。如果无阳光照射，二极管电流极小；阳光照射时电流增大，阳光越强，电流越大。

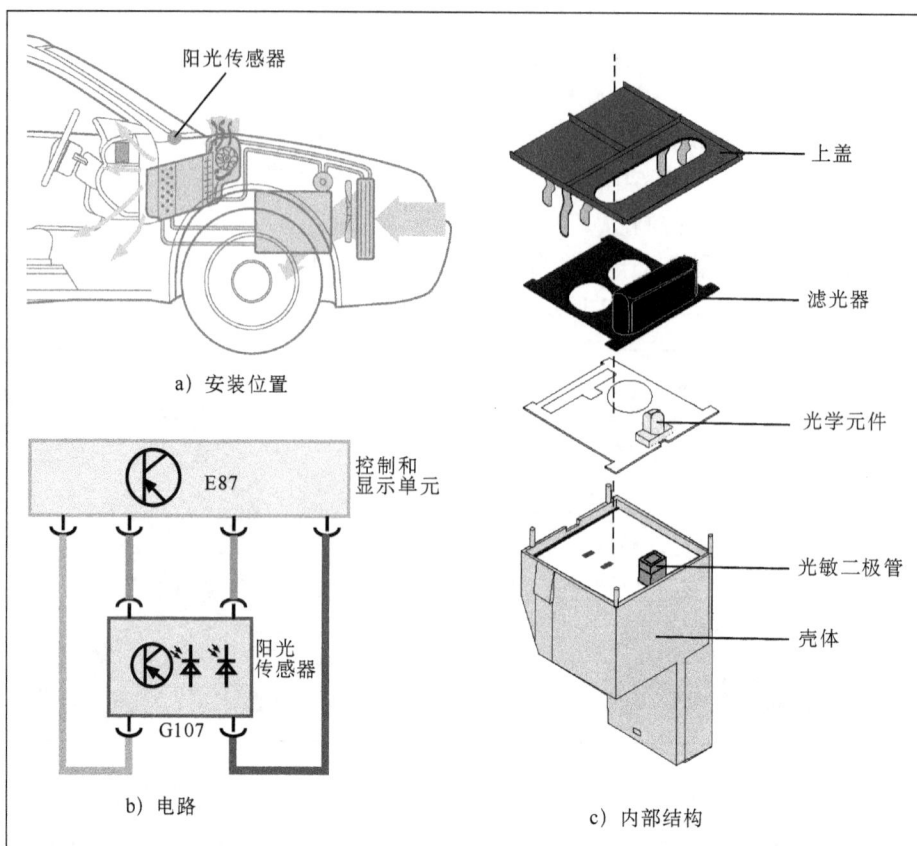

a) 安装位置

上盖

滤光器

光学元件

光敏二极管

壳体

控制和
显示单元

阳光
传感器

b) 电路

c) 内部结构

图 6-13　阳光传感器 G107

电流增大意味着阳光增强，控制单元相应调节车内温度。若信号中断，控制单元采用一个预置的平均值代替阳光强度。

② **制冷量的调节：**如图 6-14 所示。

滤光器

光学元件

光敏二极管

左车室　　右车室

隔板

a) 侧面外来阳光

行驶方向

b) 前部外来阳光

光学元件可
垂直入射光

行驶方向

c) 垂直入射阳光

图 6-14　制冷量的调节

a. **侧面外来阳光：**阳光从车左、右侧进入时，驾驶人与乘客所感受到的温度不同。光

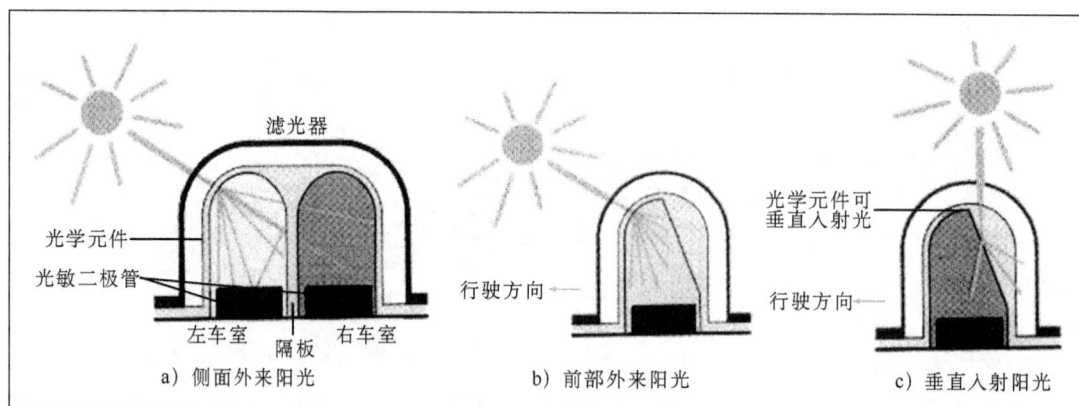

学元件内部分为两部分，每部分有一个光敏二极管，若车内左面阳光较强，则阳光大部分被折射到左边的光敏二极管上。由于光学元件中部有一隔板，只有少部分阳光折射到右边的光敏二极管上。因此，座舱左面冷气量加大。

b. **前部外来阳光**：前面阳光可使驾驶人和前排乘客感到热度增加。光学元件将大部分阳光等量折射到光敏二极管上，于是驾驶人和前排乘客处的冷气量也等量加大。

c. **垂直入射阳光**：车顶隔开垂直入射光。光学元件将极少量阳光折射到光敏二极管上，由于驾驶人和前排乘客未直接暴露在阳光下，冷气减少。

6) **辅助加热器 Z35**。

① **辅助加热器位置**：如图 6-15 所示。辅助加热器与热交换器配合工作保证车内迅速升温。辅助加热器只用于 DT1 发动机，因为这种发动机效率高，散热少。辅助加热器位于蒸发器和热交换器下面。

② **工作过程**：电路如图 6-16 所示。

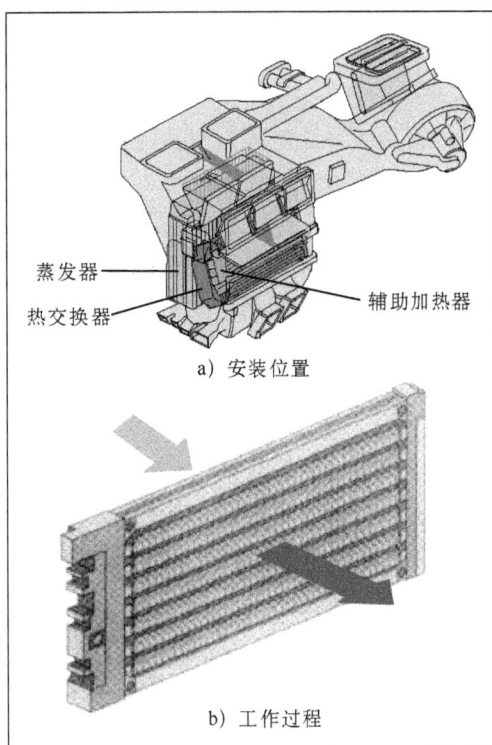

图 6-15 辅助加热器位置

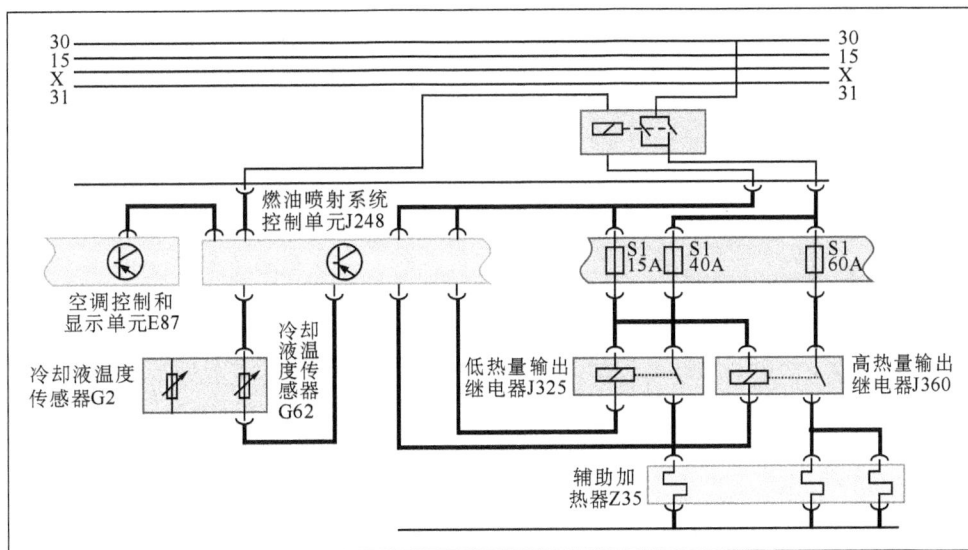

图 6-16 辅助加热器 Z35 电路

注：若信号中断，则无替代功能。

a. 辅助加热器由一陶瓷正温度系数电阻和散热片组成。打开辅助加热器时，电流流过每个正温度系数电阻，使电阻升至某一温度。散热片吸收热量，并将其散入空气中。

b. 正温度系数电阻的阻值随温度升高而加大，电流随之减小，可防止车内过热。

c. 燃油喷射系统控制单元J248通过加热继电器控制辅助加热器Z35的开启，如果下列条件同时满足，控制和显示单元将接通辅助加热器。条件有：经济行车按钮未按下；进气温度低于5℃；冷却温度低于80℃；发动机处于运转状态。

d. 加热器控制继电器按下列顺序工作。

第一，发动机起动后，低热量输出继电器工作。

第二，交流发电机负荷若低于60%，高热量输出继电器开始工作，低热量输出继电器工作。

第三，如果发电机负荷仍低于60%，低热量输出继电器又开始工作。

3. 自动空调自诊断功能

奥迪空调控制面板如图6-17所示。

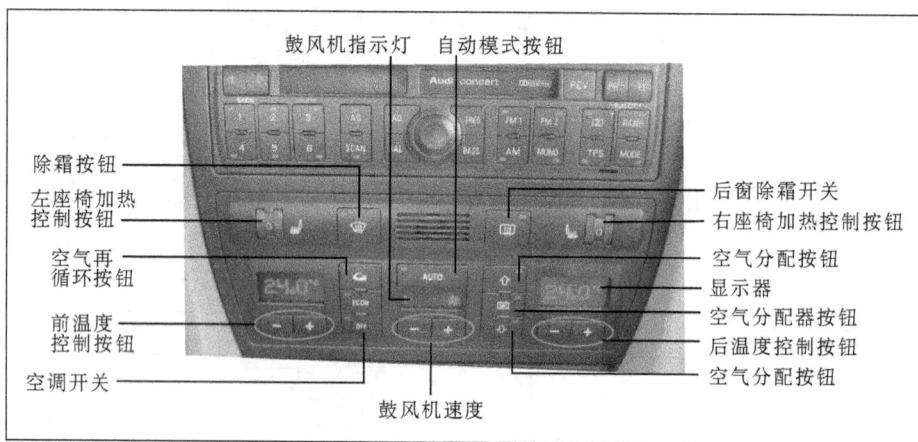

图6-17 空调控制面板

自诊断系统故障码的读取：

1）接通点火开关或起动发动机。

2）同时按住空气的再循环按钮与箭头向上的空气分配按钮，直至显示"01C"（01C指示1频道,02C指示2频道）。

3）同时释放以上两按钮。

4）显示器上将会显示"01C"，即启动了"系统故障显示"功能。如果系统有故障，即输出故障码。如果有多处故障，显示器按顺序循环显示所有相关的故障码。按下温度按钮的"+""－"键，可选择不同的频道。如果要查询某一指定频道的资料，首先选定该频道，然后按下"再循环"按钮即可。要退出存储显示，可按下"AUTO"按钮或关闭点火开关即可。

诊断 52 频道说明：

该频道反映空调压缩机的切换情况，如果存在空调压缩机断电情况，记录如图 6-18 所示的字母数字"88.8"显示片段，图中所述情况是空调压缩机断电的原因。

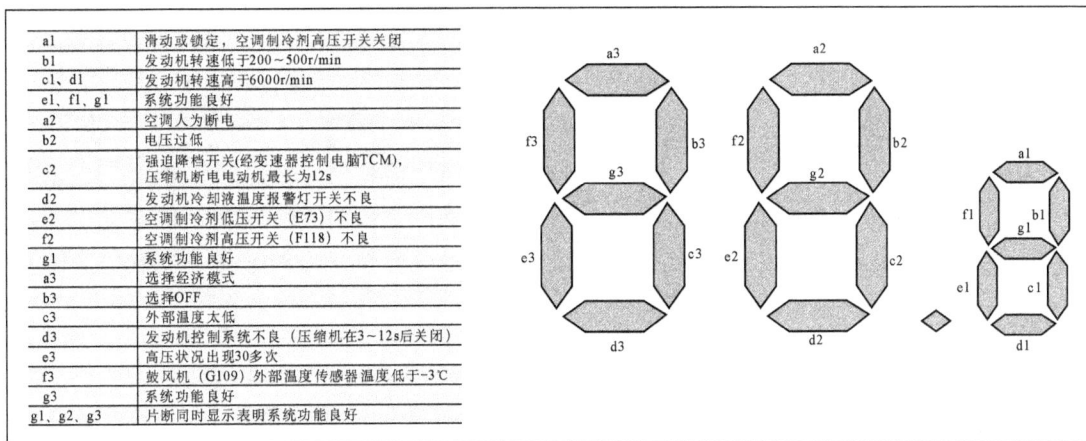

a1	滑动或锁定，空调制冷剂高压开关关闭
b1	发动机转速低于 200～500r/min
c1、d1	发动机转速高于 6000r/min
e1、f1、g1	系统功能良好
a2	空调人为断电
b2	电压过低
c2	强迫降档开关(经变速器控制电脑TCM)，压缩机断电电动机最长为12s
d2	发动机冷却液温度报警灯开关不良
e2	空调制冷剂低压开关（E73）不良
f2	空调制冷剂高压开关（F118）不良
g1	系统功能良好
a3	选择经济模式
b3	选择OFF
c3	外部温度太低
d3	发动机控制系统不良（压缩机在3～12s后关闭）
e3	高压状况出现30多次
f3	鼓风机（G109）外部温度传感器温度低于-3℃
g3	系统功能良好
g1、g2、g3	片断同时显示表明系统功能良好

图 6-18　字母数字码显示法

注：有十进位小数点，空调压缩机接通；无十进位小数点，空调压缩机断开。

4. 空调系统电路

奥迪 A6 空调系统电路如图 6-19 所示，其电路元件代码与名称如表 6-1 所示。

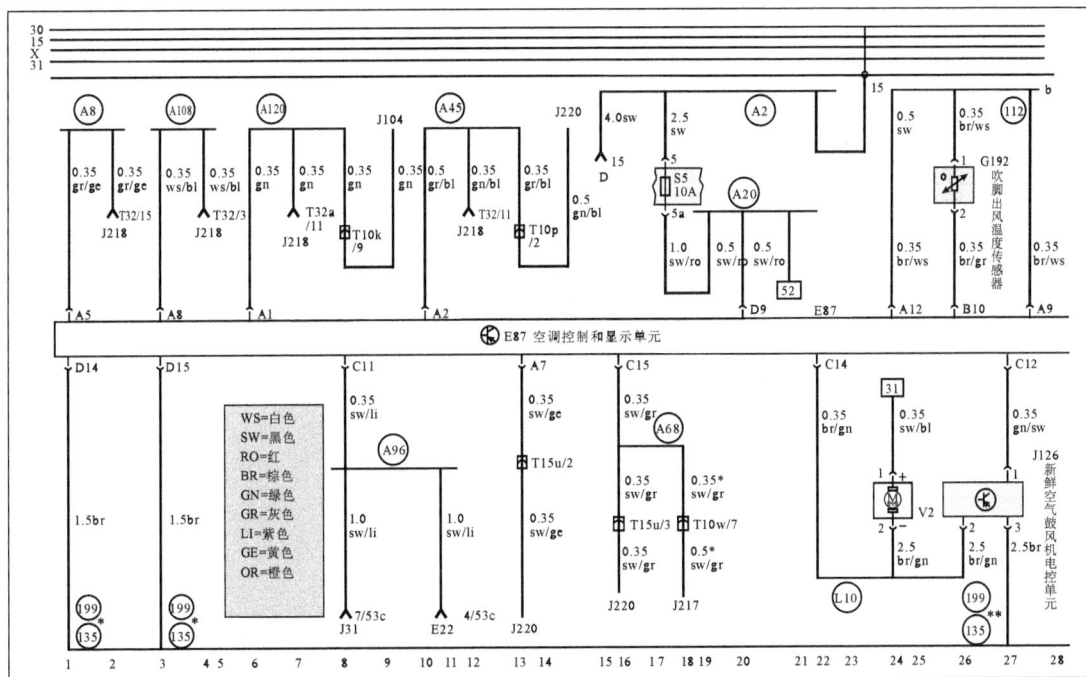

图 6-19　奥迪 A6 空调系统电路

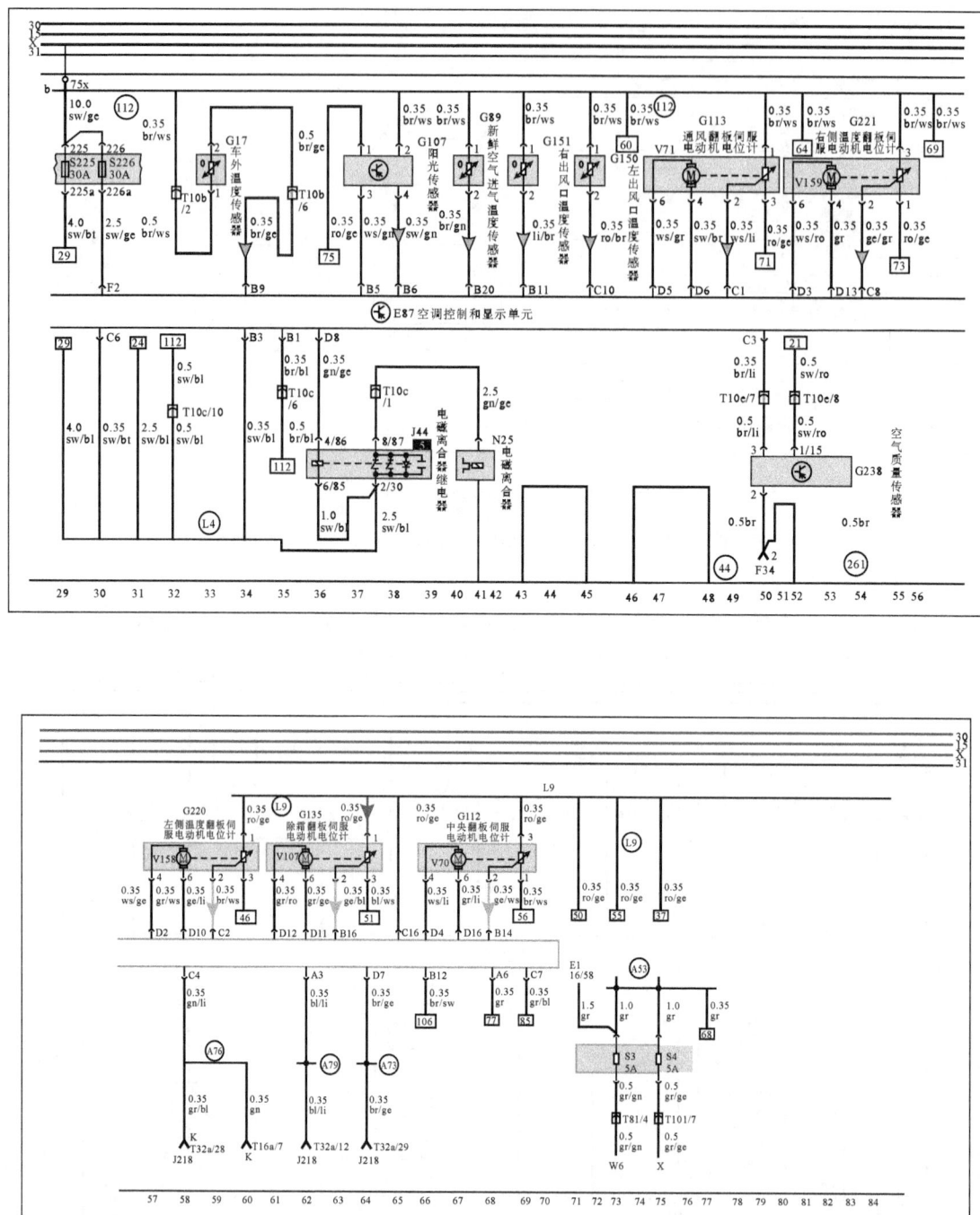

图 6-19　奥迪 A6 空调系统电路(续)

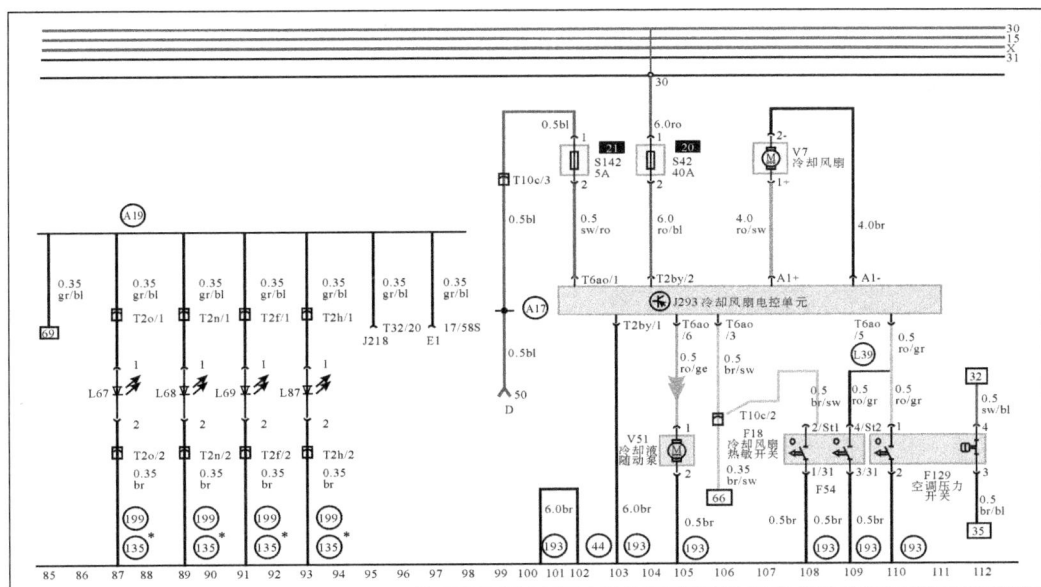

图 6-19　奥迪 A6 空调系统电路(续)

表 6-1　奥迪 A6 空调系统电路元件代号与名称

代　号	名　称	代　号	名　称
**	两种都可能	A76	连接(自诊断 K 线),在仪表板线束内
*	带自动变速器的车	A79	连接(加热灯开关),在仪表板线束内
*	两种都可能	A8	Je 极连接(58d),在仪表板线束内(显示照明)
112	搭铁连接 2,在空调线束内	A96	连接(53c),在仪表板线束内
135	搭铁连接 2,在仪表板线束内	D	点火开关
138	连接(空调压力开关)1,在自动空调线束内	E22	刮水器间歇运动开关
193	搭铁连接 1,在冷却风扇线束内	E87	空调控制和显示单元
199	搭铁连接 3,在仪表板线束内	F129	空调压力开关
19	连接 1,在空调线束内	F18、F54	冷却风扇热敏开关
261	搭铁连接,在加热式喷油器线束内	F34	制动液液面警告信号触点
44	搭铁点,左侧 A 柱上部	G107	阳光强度光敏电阻
81	搭铁连接 1,在仪表板线束内	G112	中央翻板伺服电动机电位计
A108	连接(转速信号),在仪表板线束内	G135	除霜翻板伺服电动机电位计
A120	连接(停车时间),在仪表板线束内	G150	左出风口温度传感器
A17	连接(61),在仪表板线束内	G151	右出风口温度传感器
A20	连接(15a),在仪表板线束内	G17	车外温度传感器
A2	正极连接(15),在仪表板线束内	G192	吹脚出风口温度传感器
A45	连接(转速信号),在仪表板线束内	G220	左侧温度翻板伺服电动机电位计
A68	连接(C15,空调),在仪表板线束内	G221	右侧温度翻板伺服电动机电位计
A73	连接(车外温度指示器),在仪表板线束内	G238	空气质量传感器

（续）

代　号	名　称	代　号	名　称
G89	新鲜空气进气温度传感器	T10c	插接器，10孔，灰色，左侧A柱分线器
G113	通风翻板伺服电动机电位计	T10e	插接器，10孔，紫色，左侧A柱分线器
J104	带EDS的ABS电控单元	T10k	插接器，10孔，橙色，左侧A柱分线器
J126	新鲜空气鼓风机电控单元	T10p	插接器，10孔，黑色，压力舱电器盒分线器
J217	自动变速器电控单元	T10w	插接器，10孔，蓝色，右侧A柱分线器
J218	仪表板内组合处理器	T15u	插接器，15孔，红色，压力舱电器盒分线器
J220	发动机电控单元	T16a	插接器，16孔，自诊断插接器
J293	冷却风扇电控单元，在发动机室左前部	T2by	插接器，2孔，在冷却风扇电控单元上
J31	喷洗/刮水自动间歇继电器	T32a	插接器，32孔，绿色，在仪表板上
J44	电磁离合器继电器	T32	插接器，32孔，蓝色，在仪表板上
K	自诊断接线	T6ao	插接器，6孔，在冷却风扇电控单元上
L10	连接2，在空调线束内	V107	除霜翻板伺服电动机
L4	连接（75a1），在空调线束内	V158	左侧温度翻板伺服电动机
N25	空调电磁离合器	V159	右侧温度翻板伺服电动机
S142	冷却风扇电控单元熔丝	V2	新鲜空气鼓风机
S225	熔丝支架上熔丝25	V51	冷却液随动泵
S226	熔丝支架上熔丝26	V70	中央翻板伺服电动机
S42	冷却风扇熔丝	V71	通风翻板伺服电动机
S5	熔丝支架上熔丝	V7	冷却风扇
T10b	插接器，10孔，红色，左侧A柱分线器		

二、帕萨特 B5 自动空调

1. 制冷原理

空调系统制冷原理如图6-20所示。通过控制空调压缩机的工作，使制冷剂R134a在密封的系统中循环完成气态与液态的相互转换，从而实现制冷功能。

2. 组成部件结构特点及原理

（1）控制单元　操作和显示屏幕作为一个模块被组合在Climatronic（控制）单元中。仪表温度传感器和风扇温度传感器被集成在控制单元中，如图6-21所示。温度传感器安装在左侧格栅盖的背后。

（2）鼓风机和新鲜空气风门　鼓风机风门和新鲜空气循环活板由普通的电动机驱动，风门由带两个导向槽的驱动盘进行调节，所以不需真空装置和双向阀，如图6-22所示。

1）**新鲜空气模式**：当车速低于20km/h时，鼓风机风门和新鲜空气循环风门全开，新鲜空气进入车内不受阻碍。

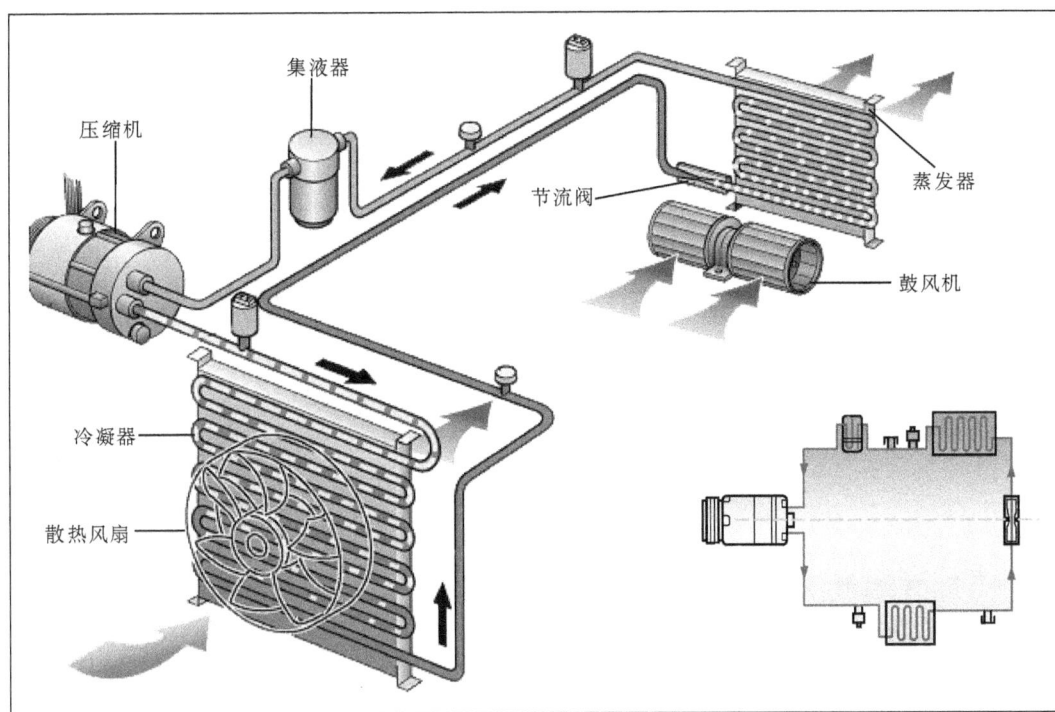

图 6-20 空调系统制冷原理

图 6-21 控制单元

2）**通风模式**：高速行驶时，鼓风机风门可阻止更多的新鲜空气进入乘员舱内，开启和关闭的程度由车速决定。鼓风机风门位置也受乘员舱内标准温度和实际温度之间温差的影响。如果温差很大，进气口的面积快速增加，从而能较快地达到理想温度。当车速大于160km/h 时，鼓风机风门被关闭，此时少量的新鲜空气通过鼓风机风门的狭窄开口流入乘员舱内。

3）**空气循环模式**：两个风门都处于上部位置，流入新鲜空气的通道被关闭，空调系统只吸入乘员舱内空气。

（3）**中央风门**

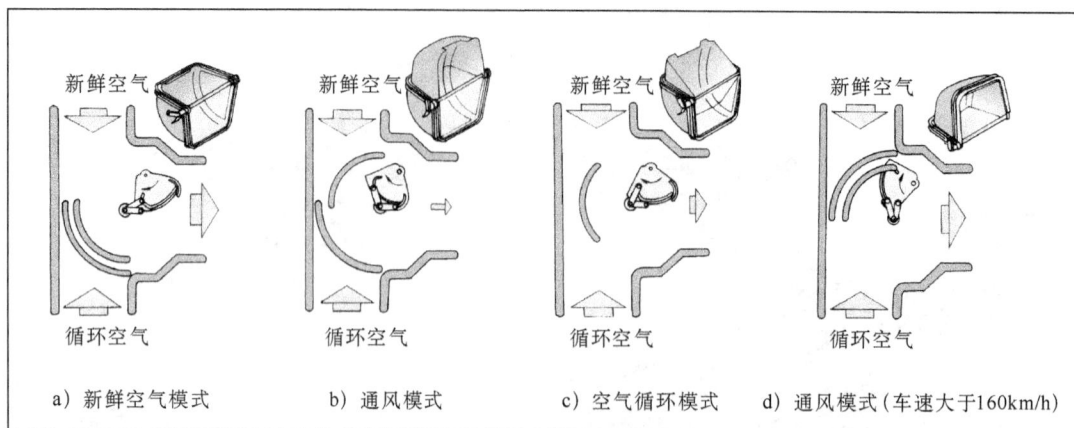

图 6-22 鼓风机和新鲜空气风门

1）**作用**：中央风门控制流至中部、侧面、脚部空间和除霜风口的空气流量，其开闭程度由一个电动机控制。

2）**工作过程**。

① 外界温度较低或发动机冷车时，中央风门完全关闭。可防止冷空气流入乘员舱，如图 6-23a 所示。

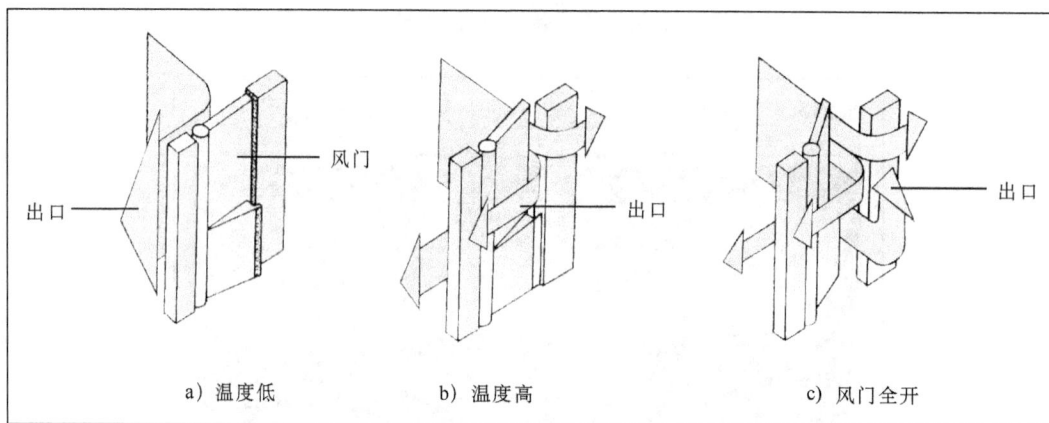

图 6-23 中央风门工作过程

② 随着冷却液温度的升高，风门被打开，空气达到侧面的风口。此时通往中部风口的气道仍关闭，如图 6-23b 所示。

③ 如果中央风门被完全打开，空气就被均匀地送往中部和侧面的风口，如图 6-23c 所示。

（4）新鲜空气鼓风机

1）**作用**：鼓风机控制单元被集成在新鲜空气鼓风机中，由鼓风机的空气流对控制装置的冷却肋片进行冷却。

2）**鼓风机位置及工作示意**：如图 6-24 所示。

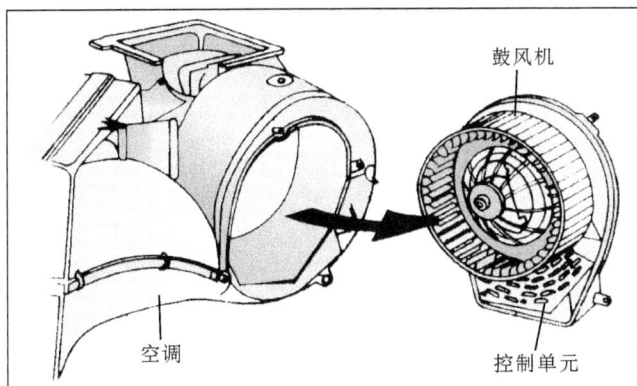

图 6-24 鼓风机位置及工作示意

3. 自诊断功能

（1）读取故障码和清除故障码的方法 帕萨特 B5 自动空调只能使用专用仪器（如 V. A. G1552）进行诊断，诊断插座位置如图 6-25 所示。

1）**读取故障码的方法**

① 接上专用仪器，打开点火开关，输入系统号"08"。

② 输入功能号"02"即可。

2）**清除故障码的方法**

① 接上专用仪器，打开点火开关，输入系统号"08"。

② 输入功能号"05"即可。

3）**故障码表**：如表 6-2 所示。

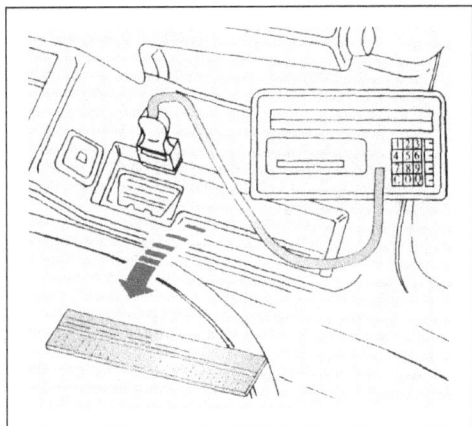

图 6-25 帕萨特 B5 诊断插座的位置

表 6-2 故障码表

故 障 码	故障码内容
0000	未发现任何故障
65535	控制单元
01297	脚部空间出风口温度传感器 G192 断路/对正极短路/搭铁后短路
00532	电源电压
00538	基准电压
01296	中央出风口温度传感器 G191 断路/对正极短路/搭铁后短路
00792	空调装置的压力开关 F129
00779	车外温度传感器 G17 断路/对正极短路/搭铁后短路
00787	新鲜空气温度传感器 C89 对正极短路或断路/搭铁后短路
00603	脚部空间/除霜伺服电动机 V85
01206	停止时间信号
00281	行驶速度传感器 G68 目前不能检查
00797	阳光传感器 C107 断路/对正极短路/搭铁后短路
01271	温度风门的伺服电动机
01272	总风门的伺服电动机 V70
01273	新鲜空气鼓风机 V2，带有新鲜空气鼓风机的控制单元 J126
01274	风滞压力风门伺服电动机 V71

（2）最终控制诊断 03　如果空调存在故障，但读不到故障码，建议进行最终控制诊断，再读取空调系统的故障码。

1）**帕萨特空调最终控制诊断，可依次控制以下元件动作：**

① 显示屏所有字段全部显示。

② 4 个伺服电动机的功能测试。

③ 新鲜空气鼓风机工作。

④ 测试压缩机离合器 N25 开关过程。

⑤ 检验所有传感器。

2）**最终控制诊断方法：**

① 接上专用仪器，打开点火开关，输入系统号 "08"。

② 输入功能号 "03"，最终诊断控制就开始。

③ 约 30s 后，测试过程结束。

（3）基本设定 04　当更换空调电脑，对电脑编码后，要求对空调进行基本设定；或若空调存在不明故障，也可对空调进行基本设定；或拆装空调各伺服电动机或蓄电池，建议对空调进行基本设定。

帕萨特空调系统基本设定的设定码为 "000"。

基本设定方法：

① 接上专用仪器，打开点火开关，输入系统号 "08"。

② 输入功能号 "04"。

③ 输入通道号 "000" 即可。

（4）控制单元编码 07　帕萨特空调电脑更换后，要求用专用仪器对电脑进行编码。如果没有编码，空调显示器会闪光 15s。

每次编码之后，都要求对空调各电动机进行基本设定。

帕萨特空调有蓝色显示器和绿色显示器，更换时要注意。

自动空调编码步骤：

① 接上专用仪器，打开点火开关，输入系统号 "08"。

② 输入功能号 "07"。

③ 根据不同车型，查空调编码，如表 6-3 所示，或按旧电脑的 coding 码，输入五位数通道号即可。

表 6-3　空调编码表

编　码	汽　车	编　码	汽　车
02000	除日系车	05000	除日系车
02100	日系车	05100	日系车

4. 空调系统电路

帕萨特 B5 空调系统电路如图 6-26 所示。

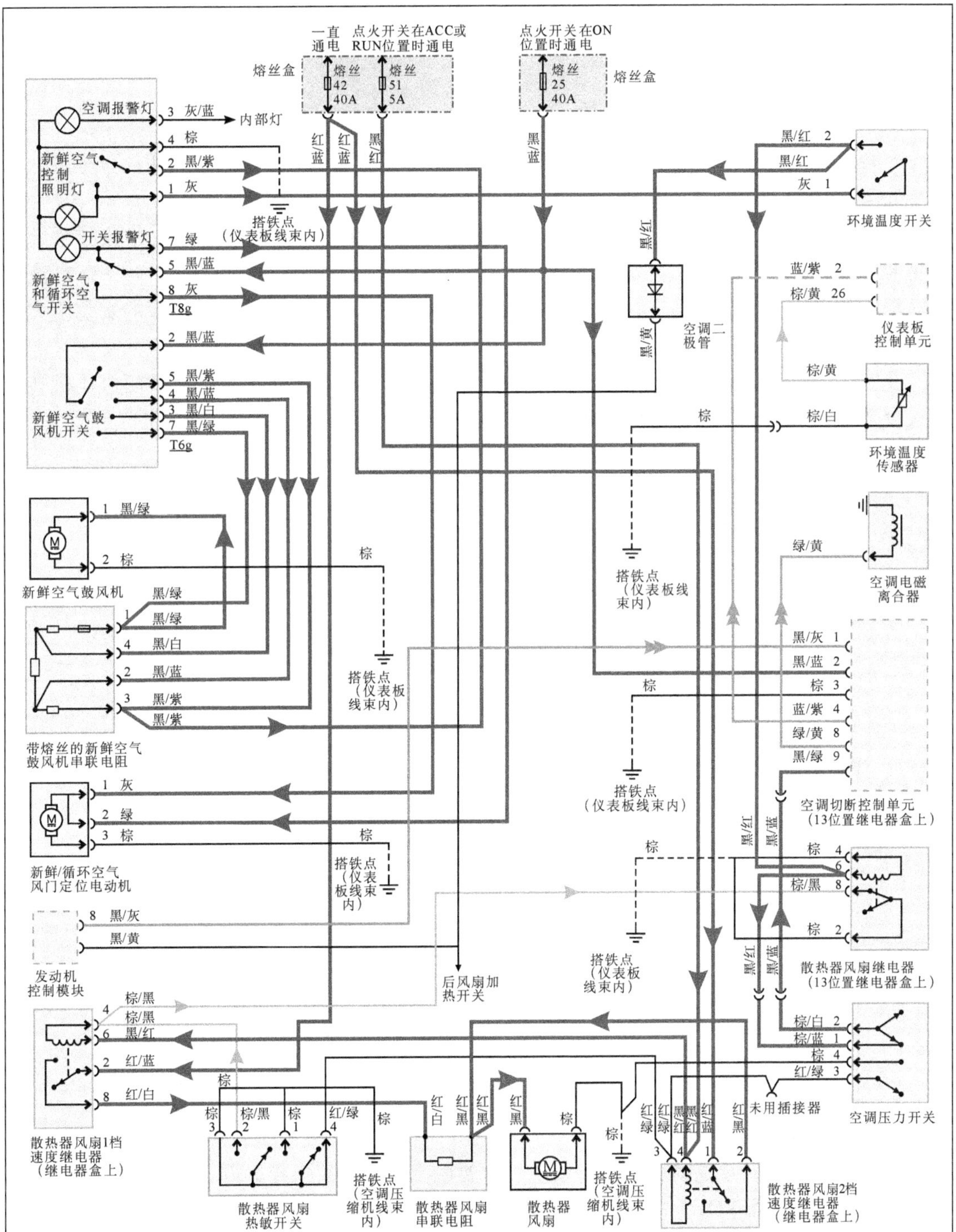

图 6-26　帕萨特 B5 空调系统电路

第二节　典型汽车空调电路分析

一、半自动空调电路分析

半自动汽车空调内部控制系统主要由真空自动控制系统和放大控制系统两部分组成。

1. 半自动汽车空调工作原理

如图 6-27 所示，当手工选定空调的功能选择键并将其设定温度后，放大器控制系统将选定温度的电阻、环境电阻、车内温度电阻全部输入到放大器，放大器即产生一个电流信号，输入到真空换能器。真空控制系统将电流信号通过真空换能器转变成相应的真空度大小的信号，输送到真空伺服驱动器上。

真空伺服器根据真空度信号大小使控制杆伸长或缩短，与其相连接的温度门、风机转速开关反馈电位计有一个相对应的位置，从而输送一定温度和风量的空气。

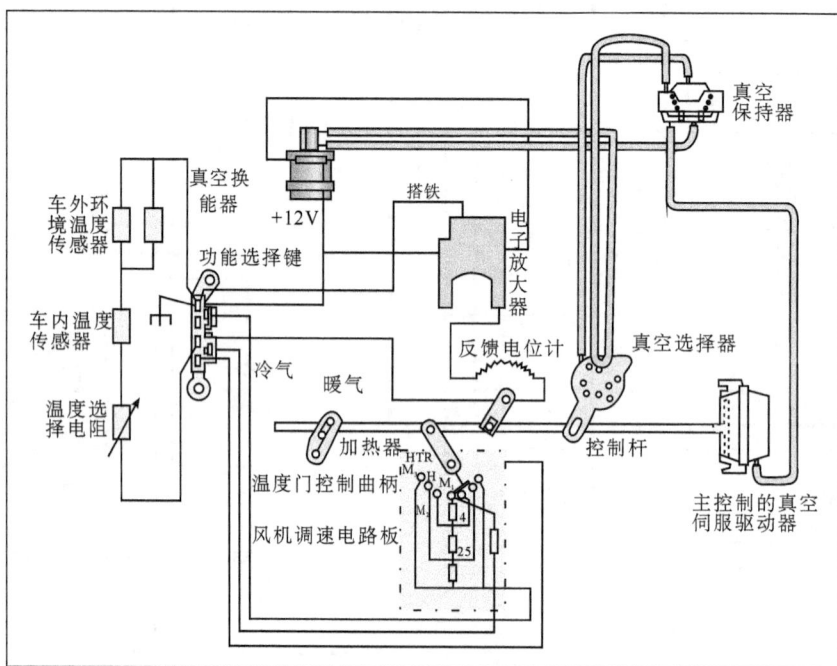

图 6-27　半自动汽车空调工作原理

2. 真空控制系统

汽车半自动空调系统的真空控制系统，主要由真空罐、真空控制器、真空驱动器、真空换能器、真空保持器和真空伺服驱动器等组成。

半自动空调与手动空调不同的是增加了真空换能器、真空保持器和真空伺服驱动器。真空换能器是一种将电能转换为真空控制信号的装置。

（1）真空换能器　如图 6-28 所示。

真空换能器的工作原理：当流过电磁线圈的电流越大时，其磁场强度越强，克服弹簧力使铁心向下的位移量越大，针阀和铁心上的双通针阀口开度越大，外部空气泄入量越多，进入真空伺服驱动器的真空越小，收缩量也越小。反之，当放大器输出信号电流越弱时，电磁线圈磁场越弱，克服弹簧推动铁心向上，双通针阀口开度减小，直至关闭大气与真空系统的通路。此时，系统的真空度增大，真空伺服驱动器收缩量相应增大。由此可见，换能器将放大器的电信号变化转变成真空伺服驱动器控制杆的收缩量变化。

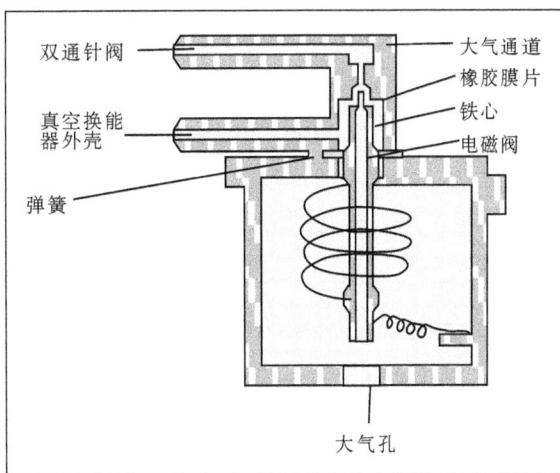

图 6-28 真空换能器

（2）真空保持器 如图 6-29 所示。

真空保持器的工作原理：当发动机进气歧管处真空度下降时，真空保持器能切断发动机的真空源，同时，膜片将真空换能器和伺服真空驱动器之间的真空气路切断，保持系统原来的工作状态。

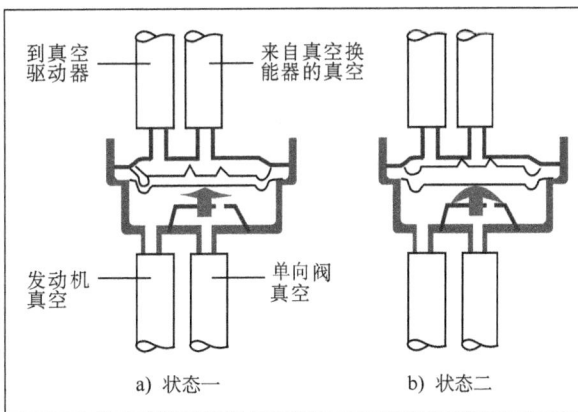

3. 放大器控制系统电路分析

如图 6-30 所示，半自动汽车空调具有保持温度在预选范围内恒定的功能。放大器控制系统可根据车内温度电阻传感器、大气温度传感器、空调器温度传感器、人工设定的调温电阻的阻值变化，相应控制真空换能器的电磁线圈的信号

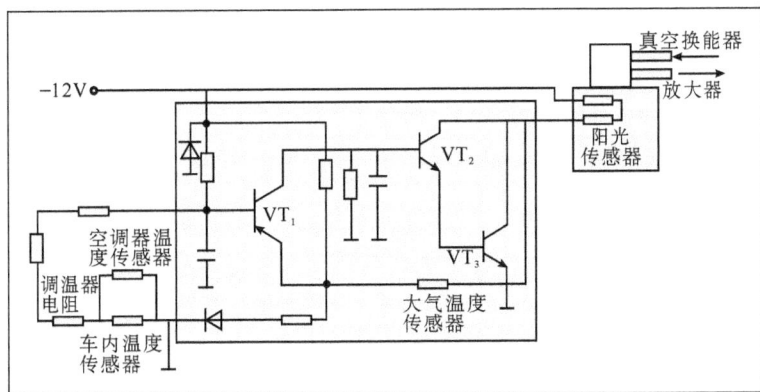

图 6-29 真空保持器

图 6-30 电流信号放大器的工作原理

电流大小，使其输出不同的真空度，使真空伺服驱动器按选定的真空度工作，达到调配送气量和控制温度的目的。

电流信号放大器的工作原理：当温度升高时，电阻值减小，VT_1 的基电流增大，VT_1 的发射极与集电极电流增大，VT_2 的基极电流增大，导致复合管 VT_2、VT_3 的集电极电流增大，使换能器电磁阀线圈电流增大。通过真空伺服换能器控制温度门和风机转速迅速降温。反之，当温度下降，达到预定温度时电阻值增大，换能器电磁线圈电流减小，使真空伺服驱动器产生相应动作，控制送气量和保持温度恒定。

二、全自动空调电路分析

1. 全自动空调工作原理

如图 6-31 所示，全自动汽车空调采用电桥控制原理，其由车外温度传感器、车内传感器、阳光传感器和调温键电阻组成。它和计算机比较器 OP_1、OP_2 组成一个控制系统，分别控制升温和降温。真空电磁阀将电信号转变成真空信号，调节真空伺服驱动器，带动控制杆对温度门开度、风机转速和热水阀开闭进行综合控制，达到控制温度恒定的目的。

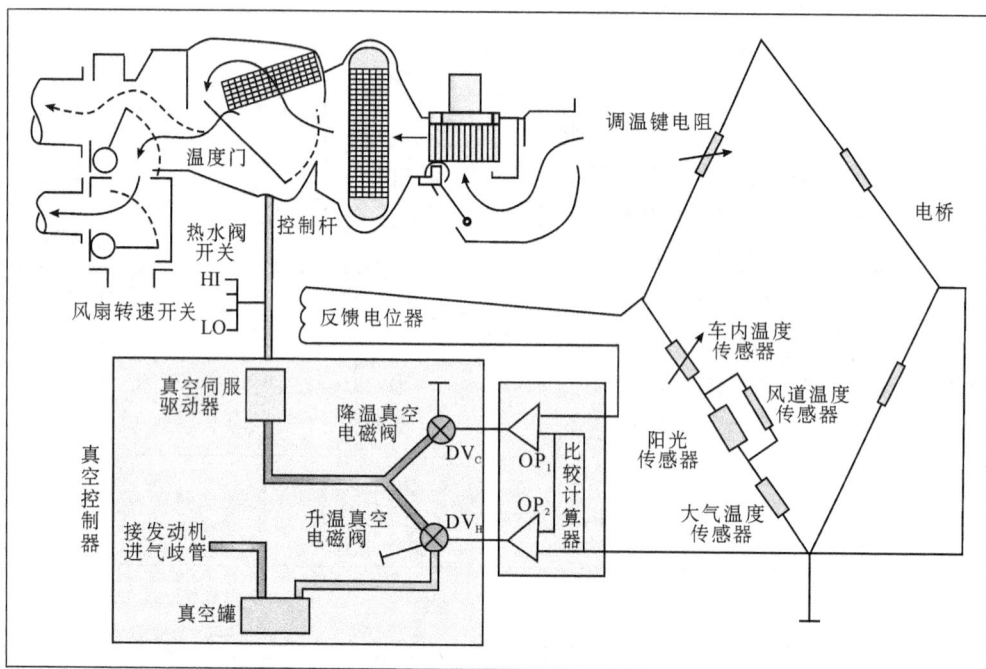

图 6-31　全自动空调工作原理

全自动空调的工作过程如下：例如，驾驶人设定的温度为 25℃，车外温度为 30℃ 时，空调系统初始运行。在电桥电路中，由于设定调温键电阻与传感器桥臂的总电阻低，电桥不平衡，此电桥输出电位 $V_B > V_A$，比较器 OP_1 有电流输出，降温真空电磁阀 DV_C 通电工作，使管路与大气相通。比较器 OP_2 无电流输出，升温真空电磁阀 DV_H 截止，切断管路与真空罐的通路，从而使真空伺服驱动器的真空度减少，膜片在大气压作用下，使控制杆向朝上的方向移动，控制温度门使经过加热器的气体通道减小，同时使风机转速上升，空调混合气温

度下降。如果设定温度与环境温度相差越大,温度门在控制杆的作用下使通往加热器的空气通道关闭至最小,风机转速达到最大,加快车内降温速度。

随着车内逐渐降温,调温键电阻与车内温度传感器电阻的差值不断减小,直至为 0Ω 时,$V_B = V_A$,比较器 OP_1、OP_2 均无电流输出,DV_C 关闭大气通路,真空伺服驱动器维持在最大制冷量时的工作状态,温度门仍然关死,风机高速运转。

当车内温度继续下降,车内温度传感器电阻高于调温键电阻值时,电桥电路电位 $V_A > V_B$,比较器 OP_2 输出电流信号,升温真空电磁阀 DV_H 打开真空气路,OP_1 无电流输出,DV_C 关闭大气通路,真空伺服驱动器的真空度增大,膜片克服弹力下移,带动控制杆下移。温度门逐渐打开加热器空气通路,冷空气重新加热,车内温度回升。随着控制杆的下移,反馈电位器电阻不断减小,电桥总电阻差值不断减小。当车内温度达到设定温度时,电桥 $V_A = V_B$,即 OP_1、OP_2 均无信号输出,真空伺服器保持原工作位置。

由于环境的温度、太阳辐射和其他因素变化使车内温度变化时,两个比较器不断工作,输出电流控制真空电磁阀,使真空伺服驱动器不断调节控制温度门的位置,使输出空气温度相应变化,保证车内温度在设定温度范围内。

当空调输出最大制冷量时,真空伺服器控制杆上有装置可切断热水阀开关,加热器不工作,同时控制杆使温度门关闭加热器空气通路。另外,功能选择键在自然风位置时,也不要加热器工作。风机在需要制冷量较大时高速工作,在不需要制冷或制冷较少时,低速运行。

2. 温度自动控制电路分析

温度自动控制系统如图 6-32 所示。

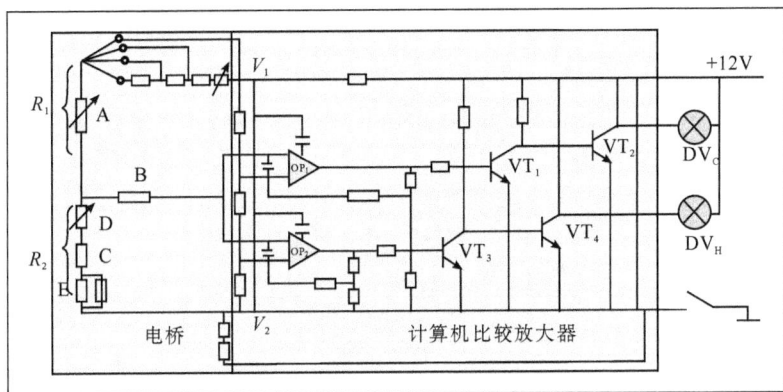

图 6-32 温度自动控制系统

温度自动控制系统的工作过程:当预定温度高于车内温度时,传感器的总电阻值 R_2 大于调温键的阻值 R_1,即 $R_1 < R_2$,电路 $V_1 > V_2$,OP_2 有电流输出,经过 VT_1 和 VT_2 两级晶体管的直接耦合放大,电磁阀 DV_C 工作,真空伺服驱动器的控制杆将缩短,温度门增大加热器的空气通路,车内温度上升。此时,OP_2 无信号电流输出,真空电磁阀 DV_H 不工作。

当预定温度低于车内温度时,传感器的总阻值小于调温键阻值 R_1,即 $R_1 > R_2$,电路 $V_1 > V_2$,OP_2 输出电流信号,经 VT_1 和 VT_2 两级晶体管放大后,输到真空电磁阀 DV_C,真空伺服驱动器的气路导通,控制杆将伸长,温度门关小加热器通路,车内温度下降。

当预定温度与车内温度相同时，则电桥处于平衡状态，比较器 OP_1、OP_2 无信号输出，温度门开度不变，风机保持中、低速运行，使车内温度恒定。当车外温度发生变化时，会引起车外进来的空气量或温度的变化，比较器根据传感器电阻的变化开始工作。若外界气温下降，则需要加热量多一些，此时 OP_1 输出信号；若输入的空气温度上升，或太阳辐射增加，需要减小空气的加热量，则 OP_2 工作。如此反复，两个比较器处于不断交替工作，保持车内温度恒定而不受外界环境的影响。

三、微机控制空调系统电路分析

微机控制的自动空调，不仅能按照乘员的需要送出温度和湿度最适宜的空气，而且可以根据需要自动调节风速、风量，极大地简化了乘员的操作，其控制主要包括温度控制、鼓风机转速控制、进气模式控制、气流方式控制、压缩机控制和自诊断功能等项目。

1. 温度控制

温度控制原理如图 6-33 所示。微机控制的自动空调器的温度控制系统的基本组成包括车内温度传感器、车外温度传感器、阳光传感器、蒸发器温度传感器、冷却液温度传感器、温度设定电阻器、自动空调控制 ECU 和空气混合控制伺服装置。其中阳光传感器采用光敏二极管，其余四种温度传感器采用负热变的热敏电阻。

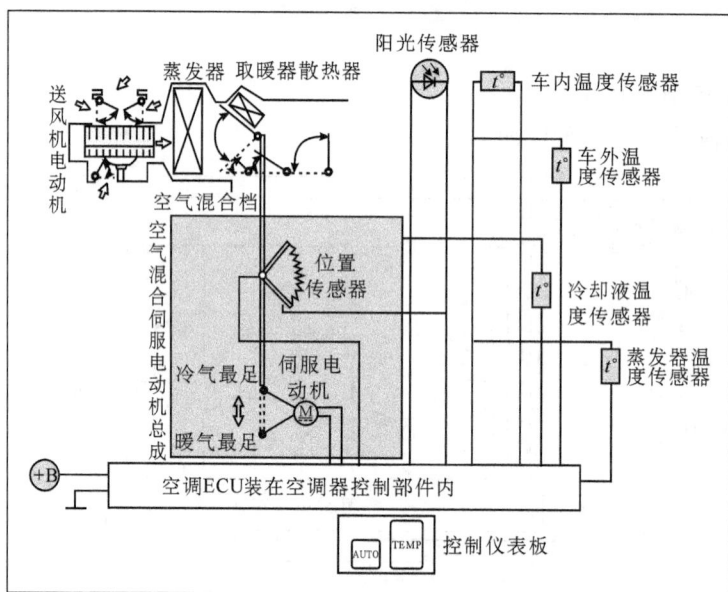

图 6-33 温度控制原理

（1）温度设定电阻器 如图 6-34 所示。温度设定电阻器一般装在控制面板内，与温度控制杆相连接。当控制杆设定在较低温度位置时，电阻值变大，变化的电阻信号输入 ECU。

（2）伺服装置 如图 6-35 所示。伺服装置通常由限制器、电位计、热水阀控制开关和气流方式控制开关组成。它安装在暖气装置的底部，通过连杆可操纵空气混合控制风门和鼓风机转速控制开关。

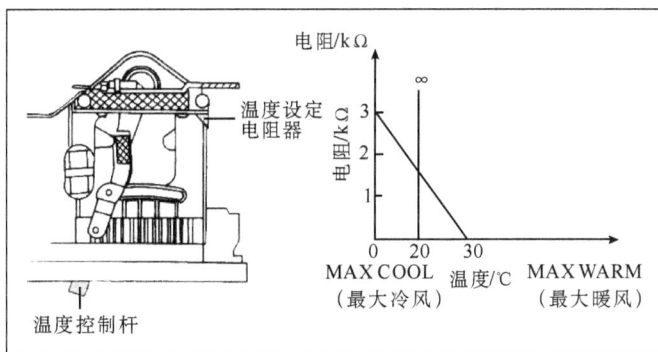

图 6-34　温度设定电阻器

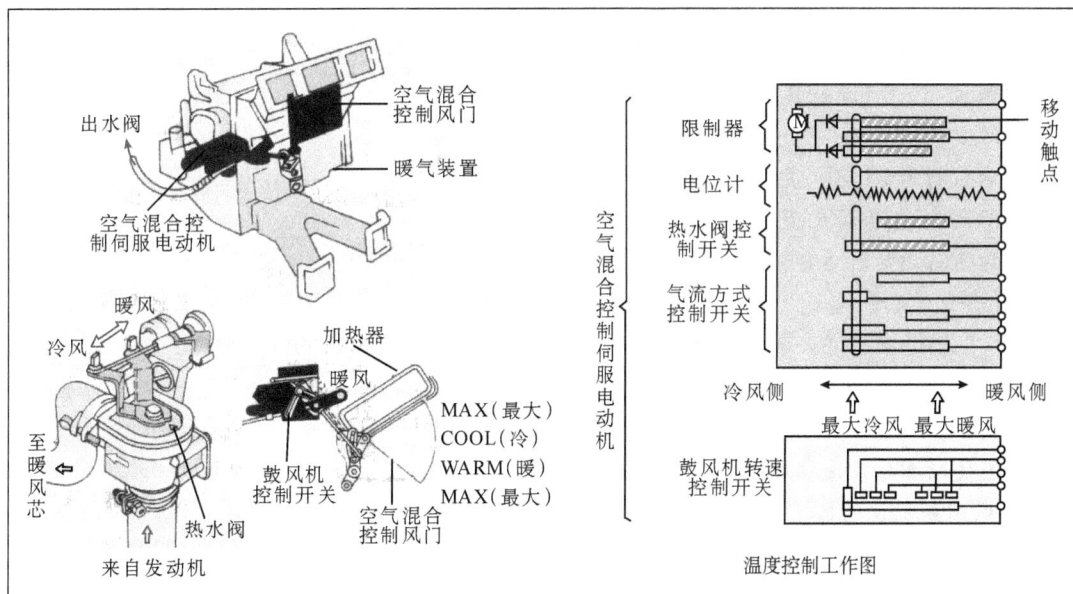

图 6-35　伺服装置

限制器：当伺服电动机移至 MAX COOL(最大冷风)或 MAX WARM(最大暖风)时，限制器切断电动机的电源。

电位计：它是由伺服电动机驱动的可变电阻器，利用滑动触点，将电动机运动的位置变化转变为电阻变化，输入系统 ECU。

热水阀控制开关：当温度控制杆在 MAX COOL 位置时，触点移动关闭热水阀，在其他位置接通热水阀。有些空气混合控制伺服电动机内无此开关，伺服电动机采用拉线开关式热水阀。

气流方式控制开关：当电动机移动时，按编程规律接通或切断气流方式伺服电动机电源。同时根据需要接通或切断压缩机电磁阀电源。

鼓风机转速控制开关：由伺服电动机驱动的滑动开关。随着空气混合控制风门连接的转换连杆的移动，自动控制鼓风机的转速。

伺服电动机的工作过程（主要控制空气温度）：如图 6-36 所示。T_{AO} 是使车内温度保持在设定温度时鼓风机吹出的空气温度；T_E 是指蒸发器温度；SW 是空气混合控制风门的开度。

1）当 T_{AO} 和 T_E 彼此近似相等时，SW 就接近 0。安装在自动空调 ECU 内的微电脑就断开 VT_1 和 VT_2，切断送至空气混合控制伺服电动机的电流，使空气混合控制风门保持在当时的位置。

2）当 T_{AO} 小于 T_E 时，SW 是负数。安装在自动控制空调 ECU 内的微电脑接通 VT_1，断开 VT_2。接通空气混合控制伺服电动机的正向电流，使电动机转至 COOL 侧，带动空调混合控制风门，降低鼓风机空气温度。同时安装在空气混合伺服电动机内的电位计检测空气混合控制风门的实际移动速度和位置。当 ECU 计算出的值与以后的 SW 相等时，微电脑就关断 VT_1，使伺服电动机停转。

图 6-36　空气混合控制伺服电动机的工作过程

3）当 T_{AO} 大于 T_E 时，SW 是正数。这时安装在自动空调器 ECU 内的微电脑关断 VT_1，接通 VT_2，接通空气混合控制伺服电动机的反向电流，使电动机转向 WARM 侧，带动空气混合控制风门，提高鼓风机空气的温度。同时，安装在空气混合控制伺服电动机内的电位计检测空气混合控制风门实际移动的速度和位置。当 ECU 计算出的值与以后的 SW 相似时，微电脑就关断 VT_2，使伺服电动机停转。

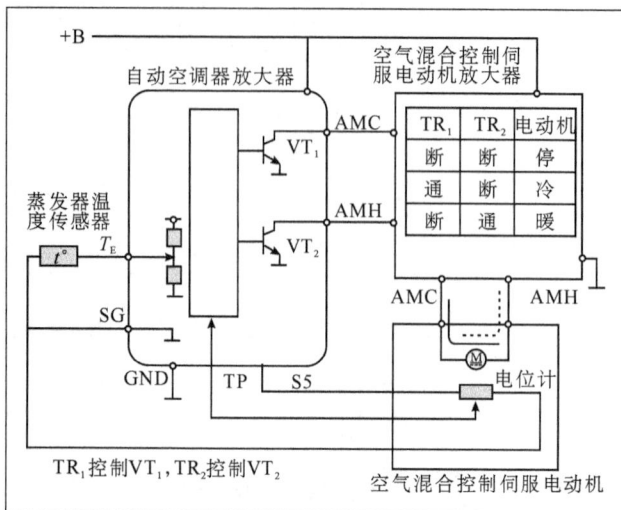

2. 鼓风机转速控制

鼓风机转速控制系统主要由冷却液温度传感器、蒸发器传感器、鼓风机电阻器、功率晶体管、ECU、鼓风机电动机和面板控制开关等组成。其中功率晶体管的作用是根据 ECU 的 BLW 端子输出的鼓风机驱动信号，改变流至鼓风机电动机的电流，从而改变鼓风机的转速。

它包括五方面的控制：

（1）自动控制　当控制面板上 AUTO 开关接通时，ECU 根据 T_{AO} 的电流强度控制鼓风机转速。**鼓风机转速有三种：**

1）**低速运转**：如图 6-37 所示。

2）**中速运转**：如图 6-38 所示。

3）**高速运转**：如图 6-39 所示。

（2）预热控制　如图 6-40 所示。

（3）时滞气流控制　该功能用于降温，以防止在炎热阳光下久停汽车，起动空调系统后，放出热空气。

时滞气流控制的功能：当蒸发器传感器检测到冷风装置温度不低于 30℃ 时，在压缩机接通时，ECU 控制鼓风机电动机保持运转 4s，使冷却装置内的空气冷却降温。在这以后的 5s，ECU 使鼓风机低速运转，使冷风装置已冷却的空气送至乘客舱，如图 6-41a 所示。

控制面板AUTO（自动）和LO（低）两个指示灯均亮。ECU内的微电脑接通VT₁，使暖风装置继电器接合

电流方向为：蓄电池→暖气装置继电器→鼓风机电动机→鼓风机继电器→搭铁，鼓风机电动机低速运转

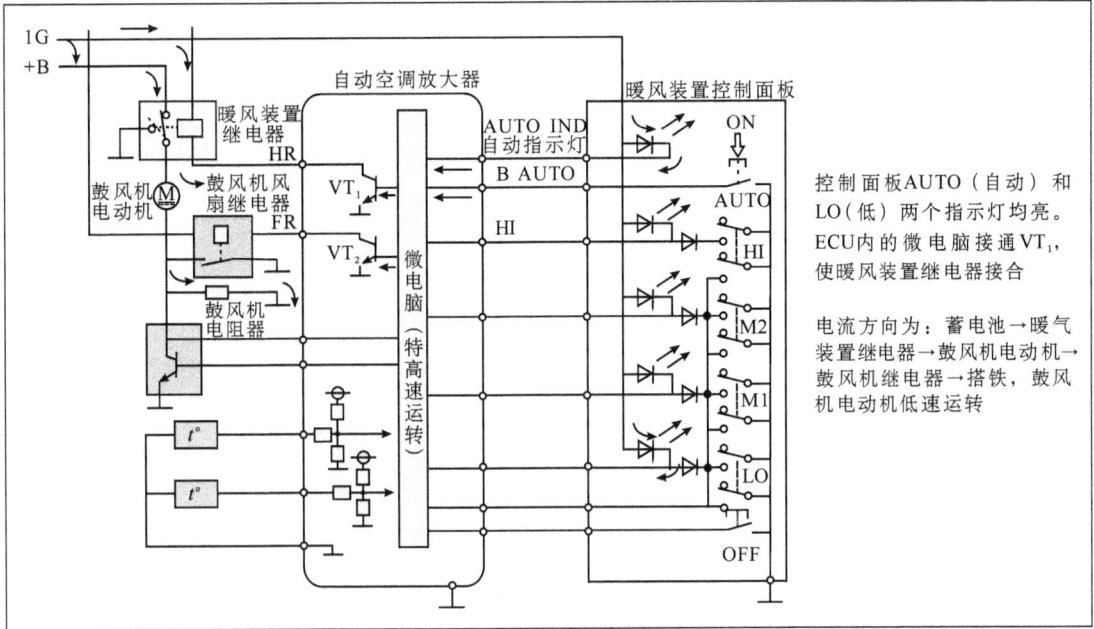

图 6-37　低速运转

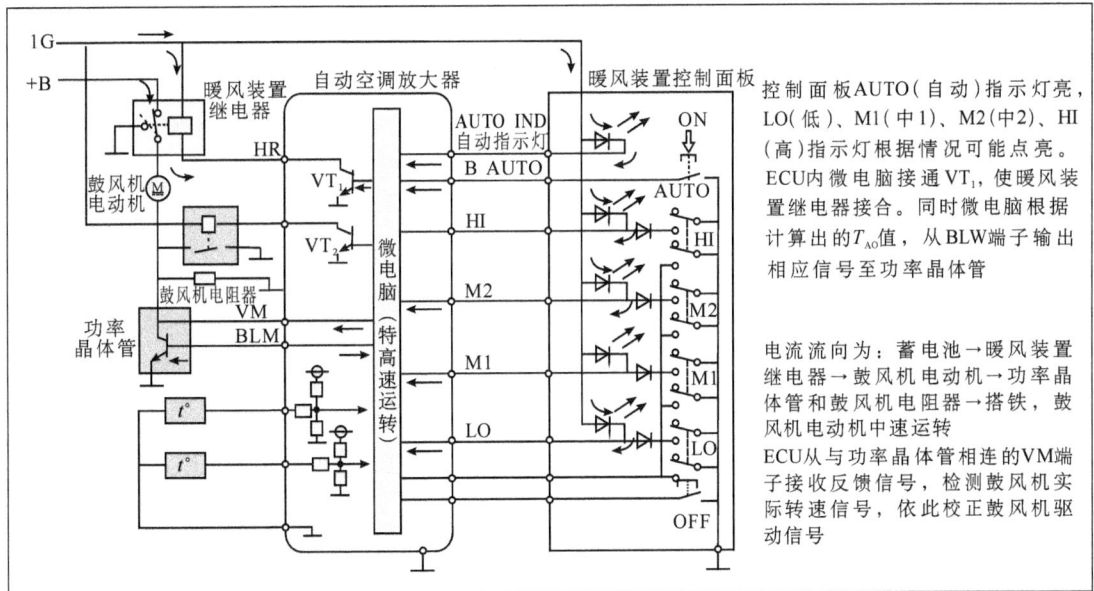

控制面板AUTO（自动）指示灯亮，LO（低）、M1（中1）、M2（中2）、HI（高）指示灯根据情况可能点亮。ECU内微电脑接通VT₁，使暖风装置继电器接合。同时微电脑根据计算出的T_{AO}值，从BLW端子输出相应信号至功率晶体管

电流流向为：蓄电池→暖风装置继电器→鼓风机电动机→功率晶体管和鼓风机电阻器→搭铁，鼓风机电动机中速运转

ECU从与功率晶体管相连的VM端子接收反馈信号，检测鼓风机实际转速信号，依此校正鼓风机驱动信号

图 6-38　中速运转

控制面板AUTO（自动）和HI（高速）指示灯亮。ECU内的微电脑通过VT$_1$和VT$_2$，使暖风装置继电器和鼓风机继电器闭合

电流流向为：蓄电池→暖风装置继电器→鼓风机电动机→鼓风机风扇继电器→搭铁，鼓风机电动机以高速度运转

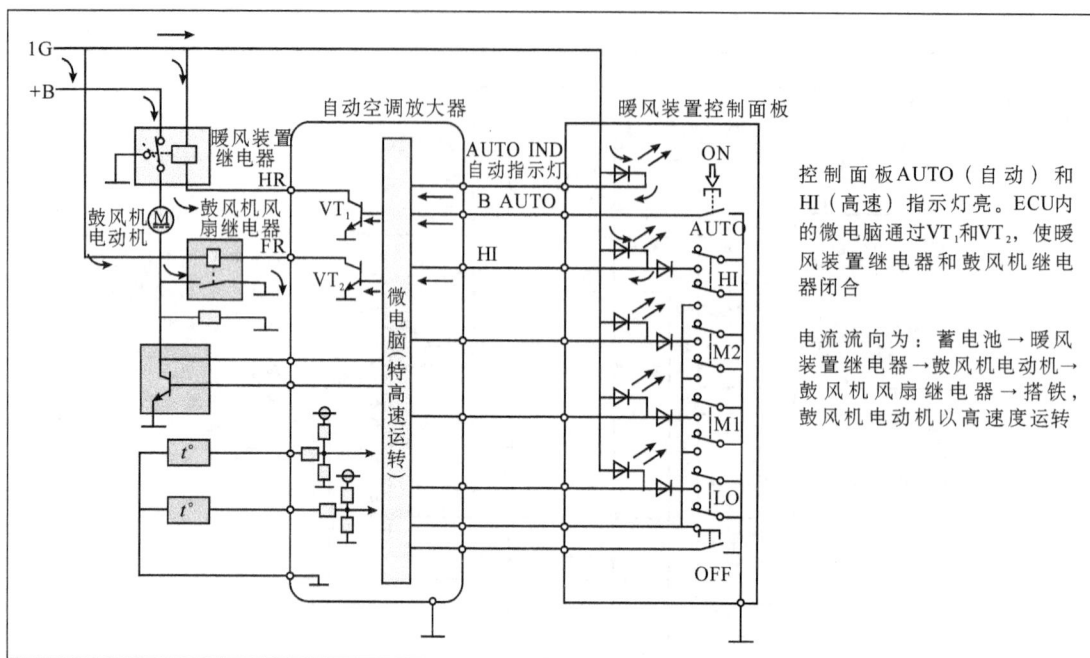

图 6-39　高速运转

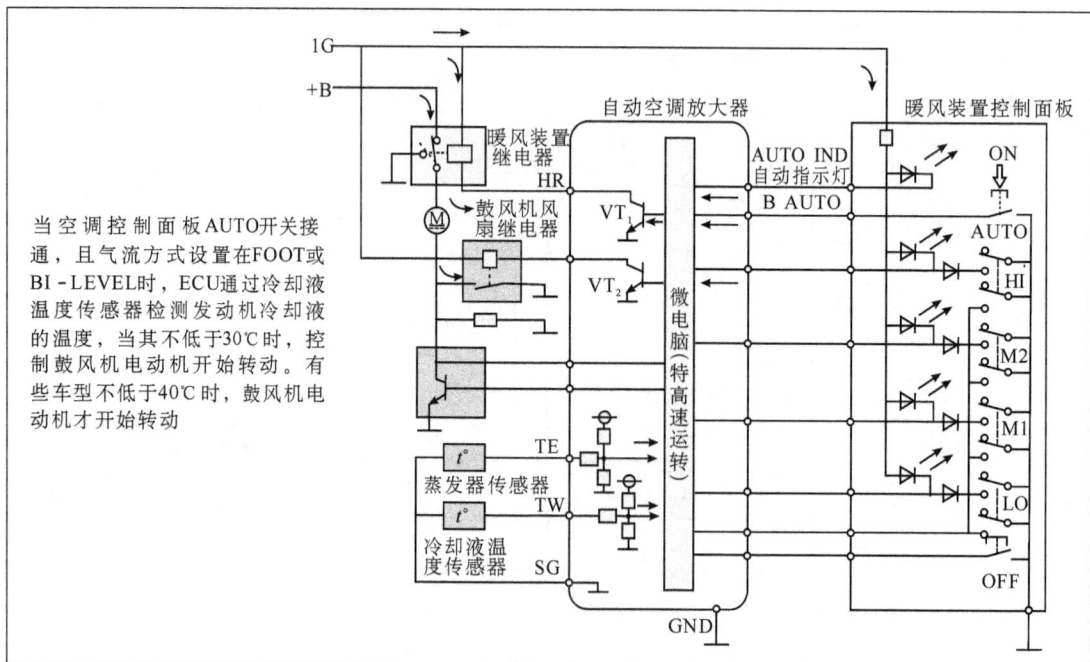

当空调控制面板AUTO开关接通，且气流方式设置在FOOT或BI‑LEVEL时，ECU通过冷却液温度传感器检测发动机冷却液的温度，当其不低于30℃时，控制鼓风机电动机开始转动。有些车型不低于40℃时，鼓风机电动机才开始转动

图 6-40　预热控制

当蒸发器传感器检测到冷风装置内温度在 30℃ 以下时，ECU 使鼓风机以低速运转 5s，如图 6-41b 所示。

（4）鼓风机起动控制　如图 6-42 所示，鼓风机起动控制主要用于防止功率晶体管被起动电流损坏。

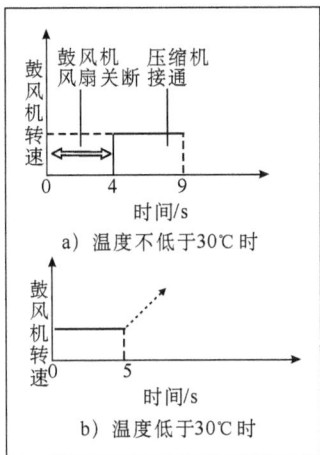

图 6-41　时滞气流控制

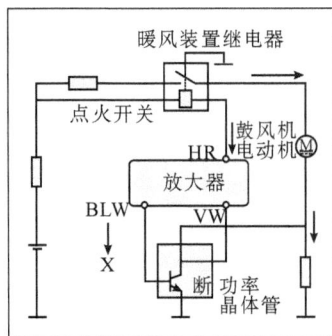

图 6-42　鼓风机起动控制

鼓风机起动时 ECU 控制暖风装置继电器闭合，电流经鼓风机电动机和电阻器流过，电动机低速运转 2s 后，ECU 才通过 BLW 端子向功率晶体管输出驱动信号，从而防止功率晶体管被起动电流损坏。

（5）手动控制　ECU 根据驾驶人操作控制面板手动开关的操纵信号，将鼓风机驱动信号送至功率晶体管，相应控制鼓风机的转速。

3. 气流方式控制

如图 6-43 所示，气流方式控制主要由面板功能控制开关、ECU、伺服装置及温度控制的各类温度传感器组成。

4. 进气模式控制

如图 6-44 所示，ECU 根据 T_{AO} 值确定进气模式选择 RECIRC（车内循环空气）或 FRESH（车外新鲜空气）。

ECU 控制伺服电动机由 RECIRC 转变为 FRESH 的工作过程： ECU 根据 T_{AO} 值，接通 FRS 晶体管，从而使触点 B 搭铁，电流流向为：蓄电池→点火开关→端子①→电动机→触点 B→端子③→FRS 晶体管→搭铁。

电动机旋转，带动风门使进气模式由 RECIRC 方式改变为 FRESH 方式。

这种控制还有一种新鲜空气强制进气控制。当手动按下 DEF 开关时，将进气方式强制转变为 FRESH，便于清除风窗玻璃上的雾气。除此之外，进气模式控制还可改变新鲜空气与循环空气的混合比例。

5. 压缩机控制

以可变排量压缩机为例。

（1）压缩机电磁离合器控制　将控制面板的 AUTO（自动）开关接通时，ECU 自动接通

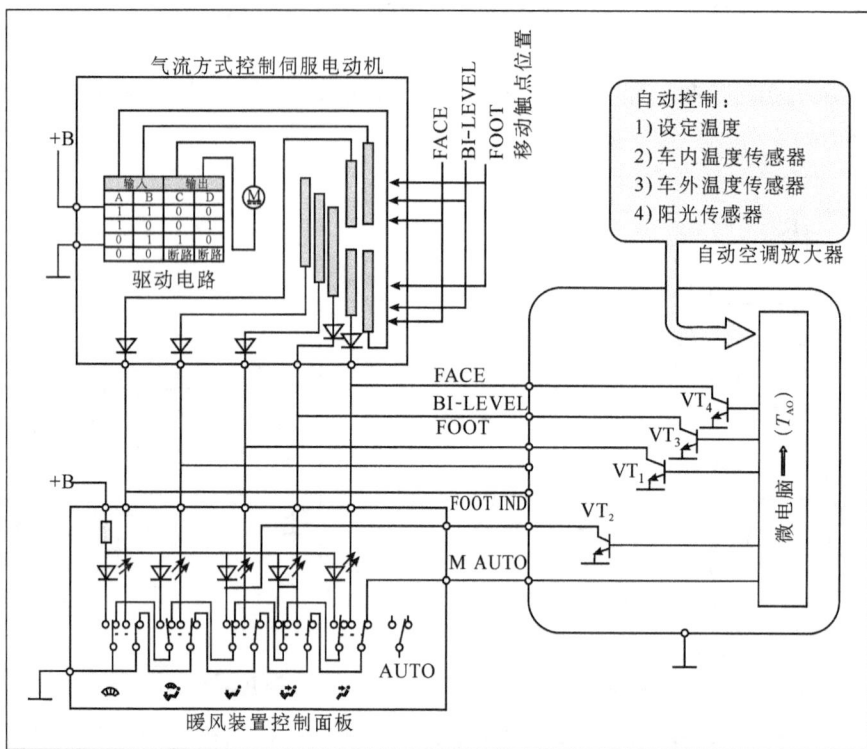

图 6-43 气流方式控制

电磁离合器,压缩机工作。ECU 根据车外温度或蒸发器温度与设定温度比较,反复接通或断开。

（2）可变排量压缩机的控制 **可变排量压缩机的工作控制模式有三种:**

1）全容量运作模式:如图 6-45 所示,在全容量运作中,电磁线圈断电,在弹力作用下电磁阀打开 A 孔,关闭 B 孔。前面产生的高压气体经旁通回路,从 A 孔进入电磁阀,压向柱塞后端。柱塞克服弹力,向左移动,使排出阀挤压在阀盘上,此时随同斜盘工作的后部 5 个活塞在气缸内产生高压,参与工作。于是,压缩机 10 个气缸工作。在压缩机后部产生的高压将单向阀移动,使前后部产生的高压气体一起排出。

2）半容量运作模式:如图 6-46 所示,当电磁阀线圈通电流时,电磁

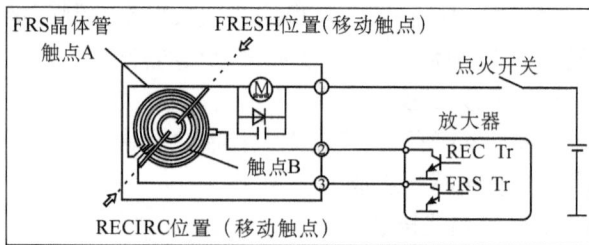

图 6-44 典型的进气模式控制电路

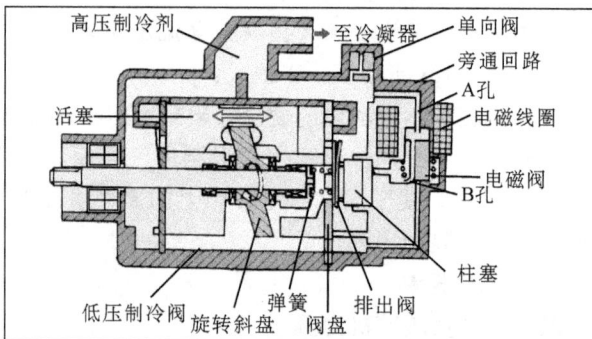

图 6-45 全容量运作模式

阀切断前面高压气体旁通回路，柱塞在弹簧力作用下被推回右侧，排出阀与阀盘分离，后部 5 个气缸不能产生高压，不参加工作。压缩机只是半容量运转。单向阀在前后压差作用下，关闭后部高压气体的排出通道。

3）**压缩机停止工作模式**：压缩机不工作时，高、低压力平衡，在弹簧力作用下，柱塞被推回右侧。单向阀因高压下降而落下，关闭后部高压通道。排出阀和单向阀处于半容量运作位置，便于下次起动，不会引起振动。

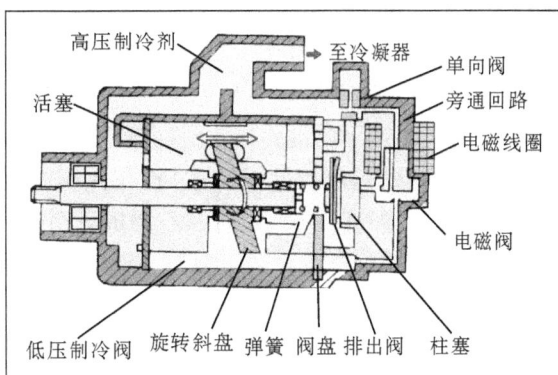

图 6-46　半容量运作模式

第三节　汽车空调电路分析举例

一、别克君威 C68 型全自动空调电路分析

1. 系统操作

如图 6-47 所示，别克君威 C68 型采用全自动空调系统。

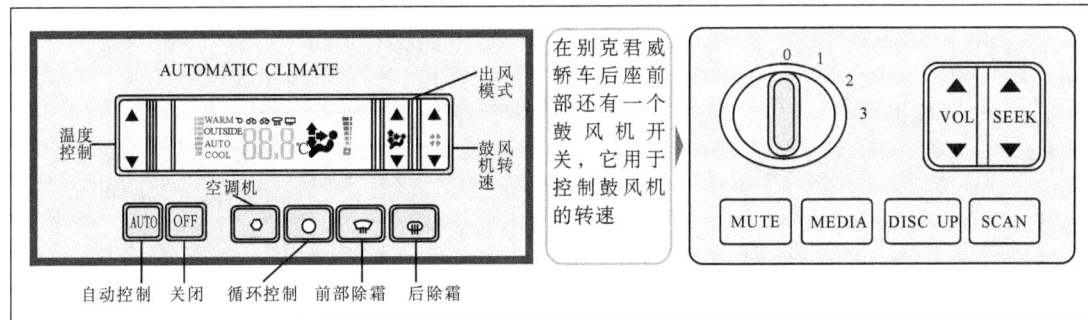

图 6-47　别克君威 C68 型全自动空调控制面板

（1）温度控制　每按一次向上的箭头，温度上升 0.5℃；每按一次向下的箭头，温度下降 0.5℃，温度设定的范围是 16~32℃。空调自动控制 "AUTO" 起作用的温度范围是 17~31℃，当温度设置为 32℃时，系统锁定于完全加热，提高风扇转速且吹向地板；当温度设置为 16℃时，系统锁定于完全制冷，提高风扇转速且吹向仪表板出口，处于内循环状态。

（2）自动控制　按下 "AUTO" 键时，系统处于自动控制状态，自动选择最佳风扇速度和气流模式，自动控制空调机是否工作。自动控制起作用时，选择温度的范围是 17~31℃；当外界温度低于 4℃时，空调机将停止工作。

（3）空调机　该键控制空调压缩机的接通与关闭，压缩机接通时，该键上的指示灯点亮。在 "AUTO" 模式，只要按动此键则系统转为手动模式。在前部除霜模式时，只要外界温度高于 4℃，空调机就会自动吸合，此时如果再按下空调按钮，指示灯闪烁 2 次后仍

点亮。

(4) 关闭　按下"OFF"键，自动空调系统关闭，此键上的指示灯点亮。

(5) 循环控制　用于选择气流的内、外循环方式，在以下模式下此键不起作用，如果在禁止该功能时按下此键，指示灯闪烁 3 次后关闭。

1) **除雾(风窗玻璃/地板模式)**：在此模式下，气流一半流向地板，一半流向除霜和侧窗出口。在环境温度低于 4℃ 时，空调机自动吸合。

2) **前部除霜**：这种模式下系统自动处于外循环。

(6) 前部除霜　在此模式下，气流大部分从除霜器风口吹出，一部分空气也从地板和侧窗风口吹出。在外界温度高于 4℃ 时，空调机自动工作。

(7) 后除霜　按下此键时，后风窗玻璃加热隔栅开始工作，15min 后会断开。如果再次按下此键，它会接通 8min，如果在此时间内再按一下则断开。

(8) 鼓风机转速　用于调节鼓风机风扇的转速。

(9) 出风模式　用于选择不同的气流方向。

2. 电路分析与主要部件的工作原理

(1) 鼓风机控制　鼓风机控制电路如图 6-48 所示。

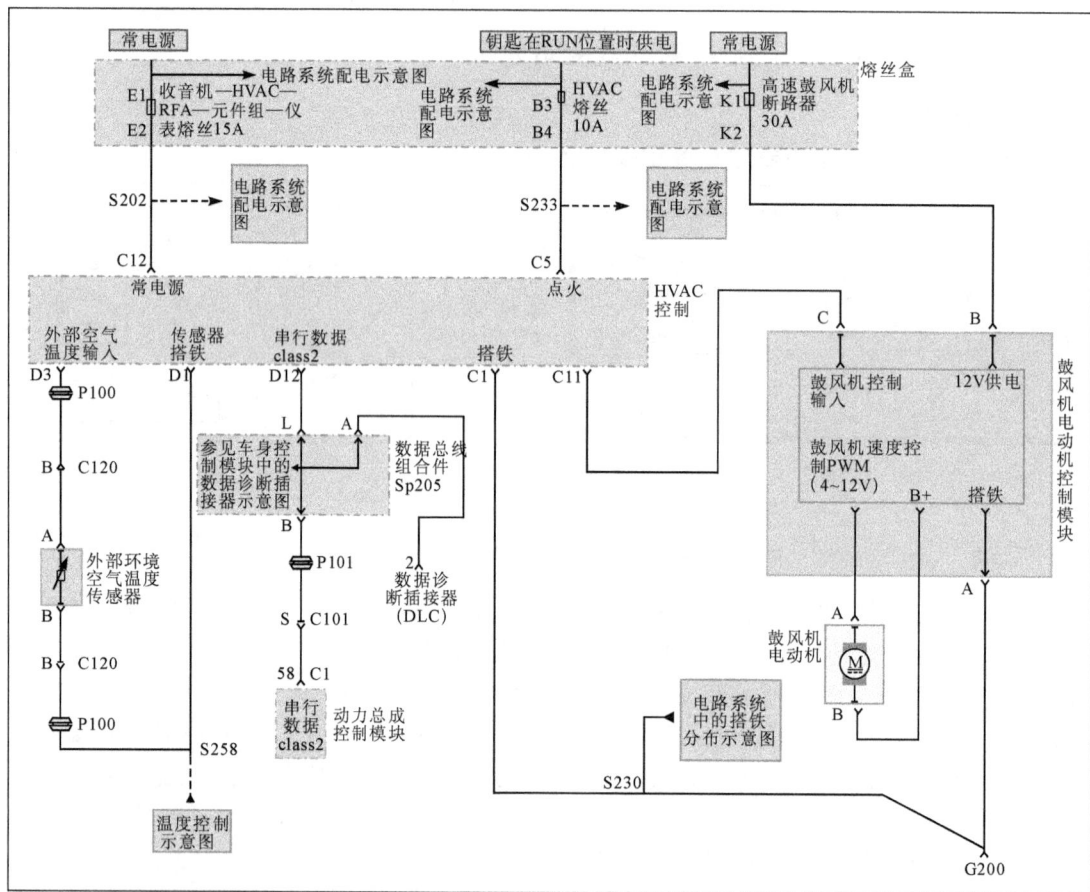

图 6-48　鼓风机控制电路

1）**鼓风机电动机控制模块**：档位电压如表6-4所示。在鼓风机不同转速档位下，测量 HVAC 的 C11 脚 PWM 和平均电压。它位于鼓风机壳体上。

表6-4　鼓风机电动机控制模块档位电压

档　位	PWM(%)	电压/V	档　位	PWM(%)	电压/V
1	16	4.3	4	62	2.3
2	34	3.6	5	75	1.7
3	48	2.9			

外部连线中：A 为搭铁端；B 为 12V 供电端；C 为鼓风机转速控制信号输入端。

鼓风机连线中：A 端为转速控制端，其转速由 HVAC 控制器 C11 端决定；B 端为 12V 供电端。该调速器为电子调速，HVAC 控制器 C11 端输出不同占空比的脉宽调制（PWM）信号，控制模块根据收到的不同脉宽的 PWM 信号来控制鼓风机两端的压差，从而调节鼓风机的转速。

2）**HVAC 控制器**：接收控制指令，并根据各传感器信号，经计算分析后，控制各执行部件的动作，完成全自动空调的控制。

3）**串行数据线**：C68 空调通过串行数据线与动力系统控制模块（PCM）和数据诊断插接器（DLC）通信。PCM 将发动机温度、节气门位置、发动机转速、车速、空调压力等信号通过数据总线传至 HVAC 控制器，同时 HVAC 将空调请求等信号通过数据线传至 PCM。

（2）**传感器电路**　传感器电路如图6-49所示。

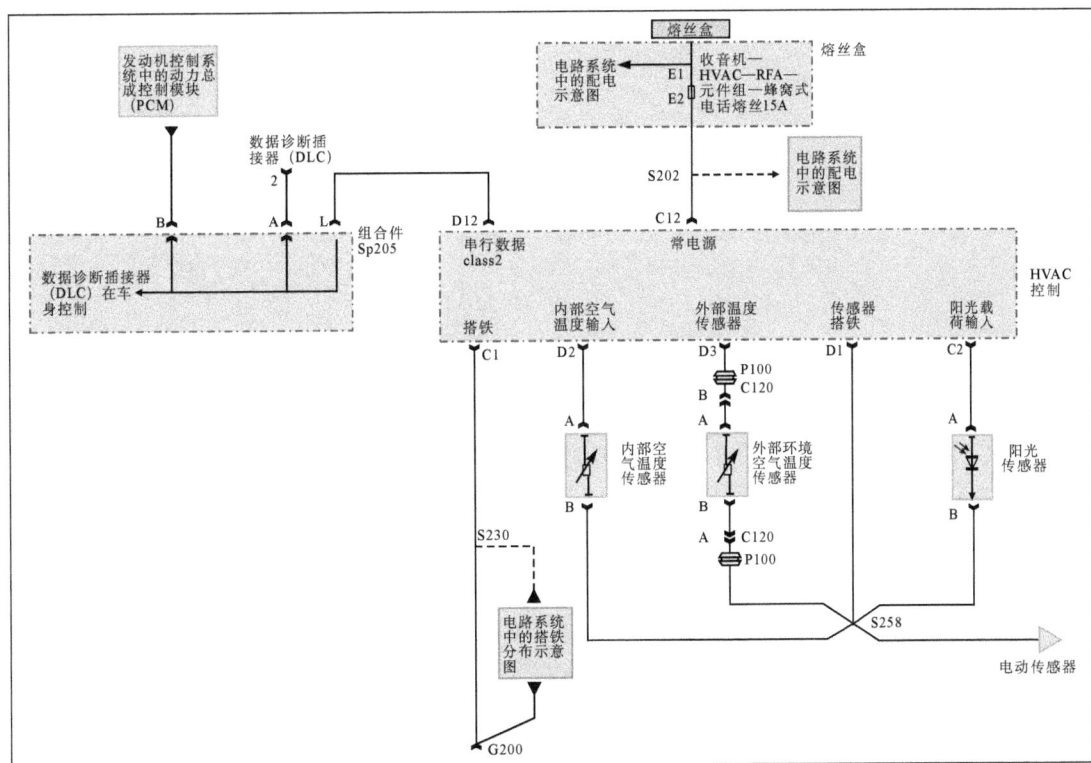

图6-49　传感器电路

1）内部空气温度传感器：在转向柱右边仪表板上有一些孔洞，在里面装有车内温度传感器，它是一个负温度系数（NTC）热敏电阻，用以感知车内温度。不要盖住这些孔洞，否则系统将不能正常工作。

2）外部环境空气温度传感器：位于前保险杠下面的前格栅处，它是负温度系数（NTC）热敏电阻，用以感知车外环境温度。

3）阳光传感器：位于仪表板中间部位的顶部、前风窗玻璃下面。它是一个光敏二极管，可以测量阳光照射到车辆所产生的热量，并把信号传给 HVAC 控制器。不要用物品将它盖住，否则传感器不能提供准确的阳光载荷参数。

（3）空调机控制电路　如图 6-50 所示，HVAC 控制器将操作信息通过二级数据总线传至动力系统控制模块 PCM 的 58/C1 脚，PCM 经分析如果认为需接通空调机，则其 39/C2 脚搭铁，空调继电器工作，触点闭合，空调机电磁离合器吸合，空调机工作。

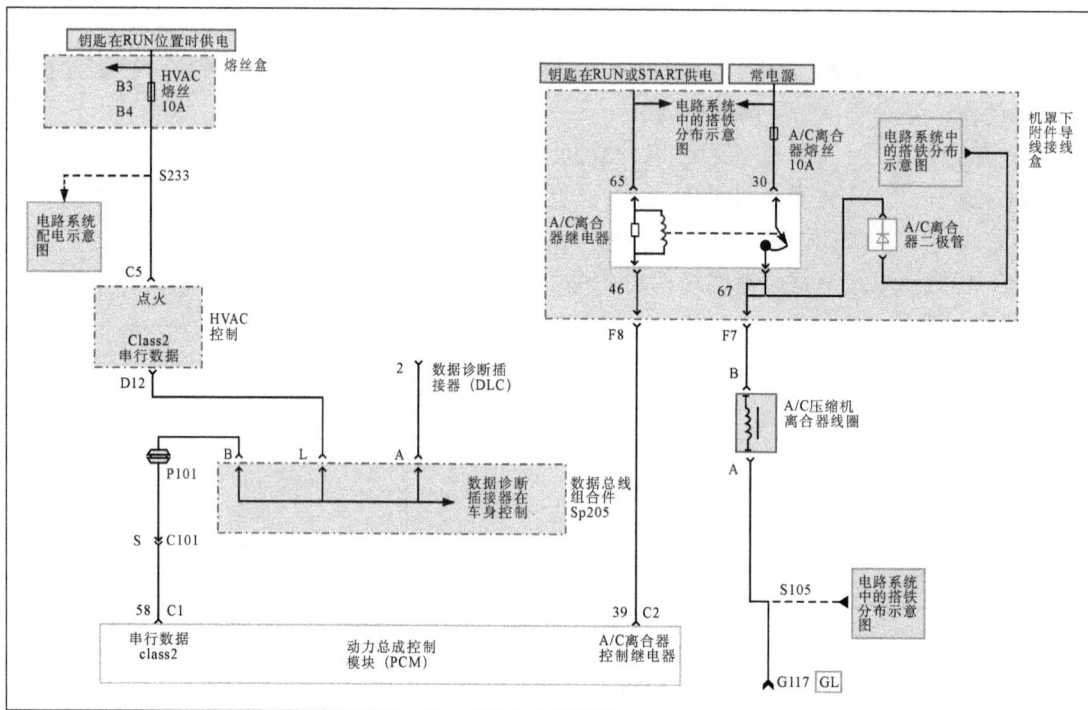

图 6-50　空调机控制电路

（4）温度执行器电路　如图 6-51 所示，温度执行器实际上是一个带有位置反馈的电动机，外部有 5 根连线。

内部可分为两部分：

1）电动机：5 脚为 12V 供电端，7 脚搭铁，6 脚是电动机转动控制信号端。

2）位置传感器：10 脚是 5V 供电端，7 脚搭铁，9 脚是位置信号端。

下面分析 HVAC 对电动机执行器的控制过程：

C7 脚：电动机转动控制端，输出电压为 5V 时，电动机向热方向旋转；输出电压为 0V 时，电动机向冷方向旋转；输出 2.5V 时，电动机停止旋转。

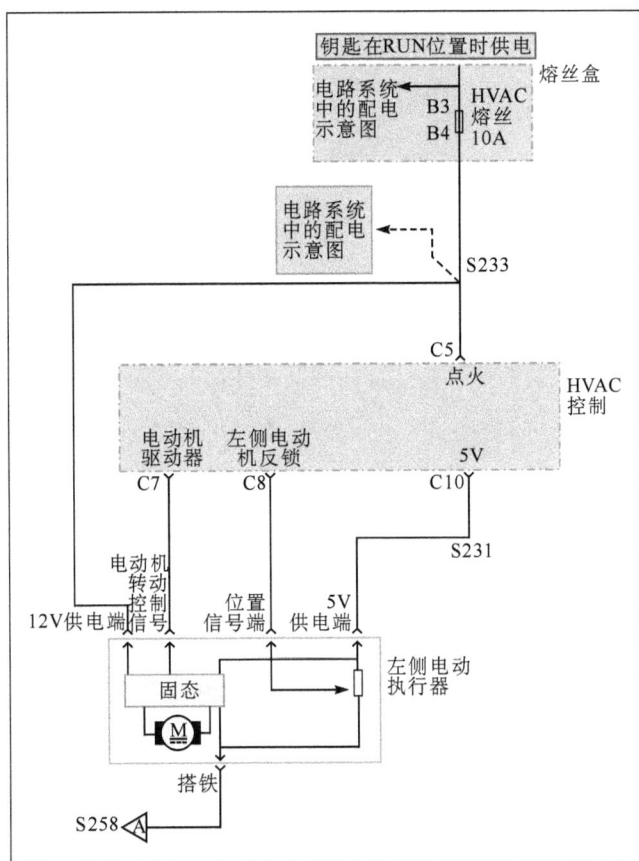

图 6-51　温度执行器电路

C8 脚：电动机位置信号反馈端，最热位置状态时约 3.86V；最冷位置状态时约 0.23V；因电动机可以停止在任何位置，所以停止时信号电压可在两者之间不确定。

由以上分析可知，如果 C10 的 5V 输出端断开，则反馈信号恒为 0V，即为冷状态，则 HVAC 将向热方向调节电动机，这时空调恒出热风。同理，如果 C8 脚断开，将会出现与 C10 脚断开相同的结果。如果 C7 脚断开，则电动机收到一个 0V 控制信号，将向冷状态旋转，这时系统恒出冷风。

（5）真空电磁阀控制电路　如图 6-52 所示。

（6）后窗除霜电路　如图 6-53 所示。

（7）后鼓风机控制电路　如图 6-54 所示。

二、桑塔纳轿车空调电路分析

如图 6-55 所示，上海桑塔纳轿车空调电路由电源电路、电磁离合器控制电路、鼓风机控制电路和冷凝器风扇电动机控制电路组成。

其工作过程如下：

1）点火开关处于断开（置 OFF）位置时，减负荷继电器的线圈电路切断，触点张开，空调系统不工作。

电磁阀是否工作受HVAC控制，HVAC根据接收到的操作信号控制电磁阀的工作。电磁阀工作时，接通相应的真空管路，真空作用于作动器，作动器拉动风门转动，从而控制了相应的空气流向

钥匙在RUN位置时供电

B3
B4　HVAC熔丝10A　→　电路系统配电示意图　熔丝盒

S233　- - →　电路系统配电示意图

6

真空电磁阀

真空源
（发动机运行）

通风　通风　通风　通风　通风

加热器电磁阀　除霜电磁阀　A/C电磁阀　双向流动电磁阀　再循环电磁阀

2　1　5　3　4

D10　D11　D13　D9　D8

加热器电磁阀控制　除霜电磁阀控制　A/C电磁阀控制　双向滚动电磁阀控制　再循环电磁阀控制　HVAC控制

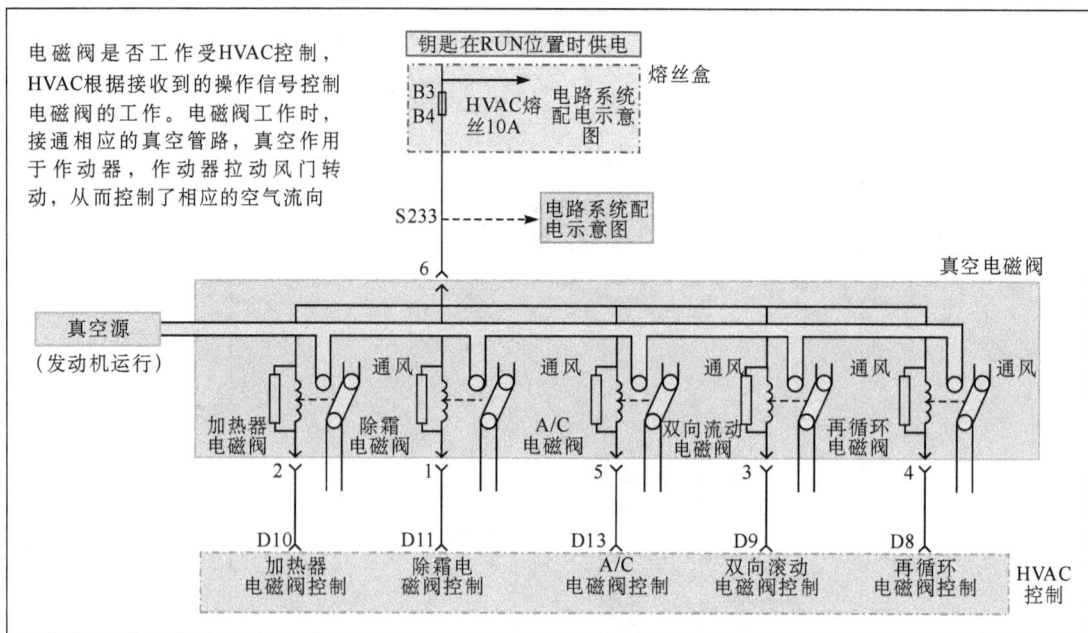

图 6-52　真空电磁阀控制电路

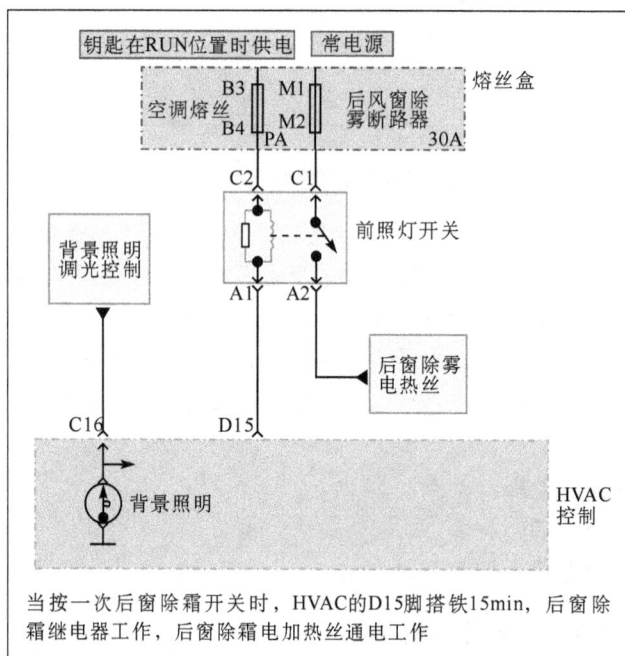

钥匙在RUN位置时供电　常电源

空调熔丝　B3　M1　后风窗除雾断路器　熔丝盒
B4　M2　30A
PA

C2　C1

背景照明调光控制　前照灯开关

A1　A2

后窗除雾电热丝

C16　D15

背景照明　HVAC控制

当按一次后窗除霜开关时，HVAC的D15脚搭铁15min，后窗除霜继电器工作，后窗除霜电加热丝通电工作

图 6-53　后窗除霜电路

2）点火开关处于起动（置 ST）位置时，减负荷继电器线圈电路切断，触点张开，中断空调系统的工作，以保证发动机起动时，蓄电池维持足够的电能。

3）点火开关处于接通（置 ON）位置时，减负荷继电器线圈电路接通，触点闭合，空调

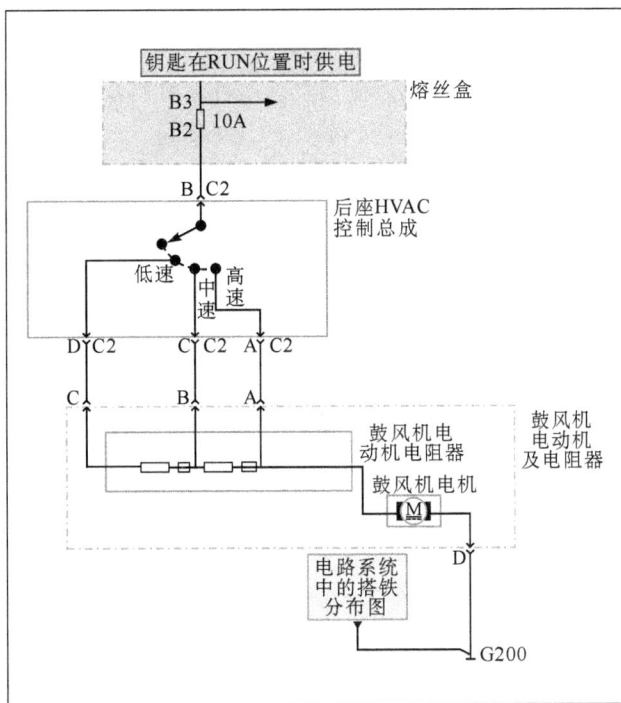

图 6-54　后鼓风机控制电路

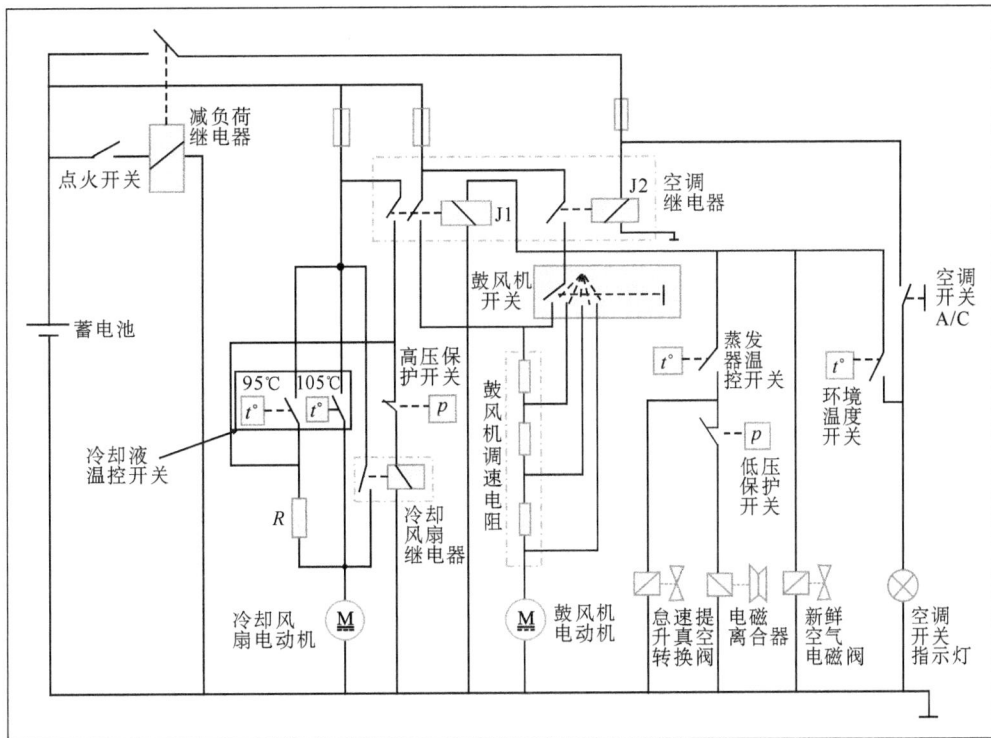

图 6-55　上海桑塔纳轿车空调电路

继电器中的线圈 J2 通电，接通鼓风机电路。此时可由鼓风机开关进行调速，使鼓风机按要求的转速运转，进行强制通风、换气或送出暖风。

4）当外界气温高于 10℃时，才允许使用空调。当需要制冷系统工作时，接通空调开关 A/C，空调开关 A/C 的指示灯亮，表示空调开关已经接通。此时，电源经空调开关 A/C、环境温度开关可接通下列电路：

① 新鲜空气翻板电磁阀电路接通，该阀动作接通新鲜空气翻板控制电磁阀的真空通路，新鲜空气进口关闭，制冷系统进入车内空气内循环。

② 经蒸发器温控开关、低压保护开关对电磁离合器线圈供电，同时电源还经蒸发器温控开关接通化油器的怠速提升真空转换阀，提高发动机的转速，以满足空调动力源的需要。

③ 对空调继电器中的线圈 J1 供电，使两对触点同时闭合，其中一对触点接通冷凝器冷却风扇继电器线圈电路；另一对触点接通鼓风机电路。

低压保护开关串联在蒸发器温控开关和电磁离合器之间，当制冷系统因缺少制冷剂使制冷系统压力过低时，开关断开，压缩机停止工作。

高压保护开关串联在冷却风扇继电器和空调继电器 J1 的一对触点之间，当制冷系统高压值正常时，触点张开，将电阻 R 串接入冷却风扇电动机电路中，使风扇电动机低速运转。当制冷系统高压超过规定值时，高压保护开关触点闭合，接通冷却风扇继电器线圈电路，冷却风扇继电器的触点闭合，将电阻 R 短路，使风扇电动机高速运转，以增强冷凝器的冷却能力。同时，冷却风扇电动机还直接受发动机冷却液温控开关的控制，当不开空调开关 A/C 时，若发动机冷却液温度低于 95℃，风扇电动机不转动，高于 95℃，冷却风扇电动机低速转动。当冷却液温度达到 105℃时，则风扇电动机将高速转动。

空调继电器中的 J1 触点在空调开关 A/C 一接通时即可闭合，使鼓风机低速运转，以防止蒸发器因表面温度过低而结冰。

第七章

汽车空调维护与故障诊断

第一节　汽车空调维护

所谓汽车空调的维护，即正确地使用汽车空调和对汽车空调定期检查及调整，以维持其最佳工作状态性能。

汽车空调维护有两个方面：正确使用空调和定期维护。

一、正确使用汽车空调

1. 非独立空调的正确使用

为了保证汽车空调系统有良好的技术状态并能可靠地工作，发挥空调的最大效率，延长使用寿命，节约汽车的燃油消耗，**使用中应注意**：

1）使用空调前，应了解空调操作面板上各推杆和按钮的作用，准确进行操作。

2）起动发动机时确认空调开关是关闭的，待发动机稳定地转几分钟后，打开鼓风机至某一档位，然后再按下空调开关 A/C 以起动空调压缩机，调整送风温度和选择送风口，空调机即可正常工作。需要注意的是，当温度调节推杆处于最大冷却位置时，应尽量使用风机的高速档，以免蒸发器因过冷而结冰。

3）在制冷时，必须关闭通风口、车窗和车门，以尽快达到满意的温度，节省能量。

4）调整好冷风口的风向，使冷风均匀地吹入车厢。

5）在只需换气而不需冷气时，如春、秋两季，只需打开鼓风机开关而不要起动压缩机。

6）在爬长坡或超车时应暂时断开压缩机的运行，以免发动机动力不足或发动机超负荷运行而过热。

7）汽车停驶时最好不要长时间使用空调，以免耗尽蓄电池的电能和防止废气被吸入车内，造成再次发动车时产生困难或乘客吸入二氧化碳而中毒。

8）在发动机怠速时，如使用空调应适当提高发动机怠速至 $800 \sim 1000 \mathrm{r/min}$（有自动提升怠速功能的空调除外），以防发动机因驱动空调压缩机而熄火。

9）夏日停车应尽量避免在阳光下暴晒，以免加重空调装置的负担。

10）有些汽车空调空气入口有新鲜（Fresh）和再循环（Recircle）两个控制位置。若汽车在尘土飞扬的道路上行驶，应将空气入口位置设在再循环位置，以防车外灰尘进入。

11）在空调运行时，若听到空调装置有异常响声，如压缩机响、风机响、管子爆裂、

传动带坏等，或发生其他异常情况，应立即关闭空调，并及时请有关维修人员检修。

12) 应经常检查下列情况(可按照汽车空调常规检查方法进行)：

① 各管接头连接处、固定夹、各连接螺栓是否紧固。

② 各电线接柱是否连接可靠，有无松动。

③ 各电线、软管有无磨破、松弛，有无接触高温、旋转物体，软管有无鼓泡。

④ 制冷剂量是否合适(从视液镜处判断)，是否泄漏，管接头、冷凝器表面等处是否有不应出现的油迹(如有则可能有泄漏)。

2. 独立式空调的正确使用

对于配备独立式空调器的汽车，使用时的注意事项与非独立式大体相同，但由于辅助发动机有时有单独的燃油箱，因而还需经常注意空调燃油箱的储油情况，并要检查辅助发动机的水温、油压等情况。

为延长辅助发动机的寿命，尽量做到低速起动、低速关机。有可能时，可加设卸载起动装置。同时，应保证发动机吸气的清洁度。

二、空调的定期维护

汽车空调系统的定期维护，其方法一般有两种：一种是与车辆的维护同步进行；另一种是按汽车空调专门制定的维护周期独立进行。

1. 与车辆维护同步进行

汽车空调与车辆同步维护如表7-1所示。

表 7-1　汽车空调与车辆同步维护

类　别	序　号	作 业 项 目	技 术 要 求
制冷循环系统	1	检视高、低压管道	高低压管道的管类码齐全，螺栓紧固不松动。软管表面无起泡、老化或破损现象，硬管焊接处无裂纹或渗漏现象，全长上没有与其他机件发生碰擦干涉现象
	2	检视膨胀阀	膨胀阀应无堵塞，感温包作用正常，膨胀阀能根据温度的变化而自动调节制冷剂的供给量
	3	检视储液干燥过滤器	在制冷系统正常工作时，其表面应无露珠或挂霜现象 每年在4~5月份维护期中，更换一次干燥剂(可拆式)或根据需要更换储液干燥过滤器总成(不可拆式)
	4	检查、清洁蒸发器和冷凝器，检查全部固定螺栓、螺母	蒸发器、冷凝器无渗漏，散热片无折弯、尘土杂物堵塞现象 蒸发器、冷凝器座应无裂纹，各固定螺栓螺母齐全、紧固、可靠
	5	检视制冷剂量	制冷系统工作时，观察视液镜，应无气泡流动现象 在制冷装置进气口的空气温度为 30~35℃；发动机转速为 2000r/min；送风机以最高速旋转和制冷选用最强档的条件下，系统的工作压力：低压侧为 0.147~0.2MPa，高压侧为 1.4~1.5MPa

（续）

类　别	序　号	作业项目	技术要求
压缩机	1	每年在4~5月份维护期中更换一次压缩机润滑油，并清洁或更换润滑油滤网	压缩机润滑油液面高度应达到视液镜的上部边缘或原厂规定标准，润滑油滤网应清洁，无杂物堵塞或缺损现象，磁铁完好有效
	2	检视进、排气阀	进、排气阀开闭灵活，作用正常
	3	检视轴封	轴封处不应有渗漏现象
电气系统	1	检视冷凝器和蒸发器的风机	各风机工作正常无异响，叶片无裂损，固定螺栓、螺母齐全、牢固、有效。冷凝器风机与冷凝器散热片无干涉现象
	2	检视冷却液温度开关	冷却液温度开关在（100±2）℃时，应能自动接通声光报警电路
	3	检视高、低压压力开关	高压开关在压力大于2.2MPa时，应能自动接通声光报警电路及切断通向电磁离合器的电流。当压力小于2MPa时应能自动复位 低压开关在压力小于0.2MPa时，应能自动接通声光报警电路及切断通往电磁离合器的电流，使压缩机停转。当压力大于0.2MPa时应能自动复位
	4	检视除霜温度控制器和车内温度控制器	车内温度控制器在5~30℃的控制范围内作用良好 除霜温度控制器应在2℃左右时能自动接通旁通电磁阀，在7℃时自动断开
	5	检视电磁离合器	电磁离合器离合良好，无打滑现象。离合器轴承在旋转时无偏摆拖滞现象

2. 按制定的维护周期独立进行的汽车空调维护

按制定的维护周期独立进行的空调维护如表7-2所示。

表7-2　按制定的维护周期独立进行的空调维护

别类	维护项目	维护内容	维护间隔				
			每天	每周	每隔1季	每隔2季季末	每隔3季季末
					季初	季末		
压缩机拆卸检查	曲轴及其轴承	磨损应在规定范围以内				◎	○
	连杆及其轴承	磨损应在规定范围以内				◎	○
	活塞组	磨损应在规定范围以内				◎	○
	阀门					◎	○
	润滑油泵	磨损应在规定范围以内				◎	○
	轴封	用测漏仪检查其泄漏量				◎	○
	润滑油	更换及清洗滤网			◎	○	

（续）

别类	维护项目	维护内容	维护间隔					
			每天	每周	季初	季末	每隔2季季末	每隔3季季末
制冷循环系统	管道各接头	有无松动情况，用检漏仪检漏				●		
	制冷剂注入量	通过视液镜检查	○					
	冷凝器	检查是否有尘埃和夹杂物，必要时加以清洗			●			
	蒸发器	检查是否有尘埃和夹杂物				●		
	干燥过滤器	更换干燥剂或总成						●
	膨胀阀	检查动作是否正常及滤清器是否堵塞					◎	○
	冷却液温度报警灯	超温时是否能亮			●			
	高压报警灯	超压时是否能亮			●			
	压力开关	检查动作是否正常			●			
电气系统	冷却液温度开关	检查动作是否正常			●			
	车内温度控制器	在温度控制范围内作用是否良好			●			
	热敏电阻开关	检查动作是否正常			●			
	送风机	检查其工作是否正常可靠			●			
	电磁离合器	检查是否具有所规定的性能			●			
	电磁阀	检查动作是否正常					●	
其他	紧固件	检查有无裂纹或损伤，如发现松弛则要加以紧固		◎		○		
	V带	检查其张力和磨损程度			●			
	V带张紧轮	检查是否能圆滑旋转			●			
	空气滤清器	检查有无堵塞现象，必要时加以清扫			●			

注：表中○为轿车，◎为货车，●为所有车型汽车。

第二节　汽车空调性能检验

一、汽车空调出厂前的外观检查

1. 观察

1）油漆是否均匀，有无脱落、划痕等缺陷。

2）门窗是否密封，隔热层是否平整、牢固、紧贴，电气路线是否布置整齐、连接牢固。

3）空调系统各部件仪表是否干净，有无油污，安装牢固与否，有无泄漏等。

4）空调系统各部件工作是否平稳，无异响。

2. 控制键的检查

1）当按下 A/C 开关时，压缩机起动应轻快发出"咔"的一声（电磁离合器吸合），冷却风扇也相应低速运转。

2）调整鼓风机键，鼓风机转速应随之升高或降低，风量也相应增大或减小，风机运转无异常噪声。

3）调整温度键，应灵活，无阻碍和吃力感，风的温度应随调整温度变化，实现冷热转换模式。

4）调整功能键，风口的风向应按各键所规定的风向吹出。

5）如果是自动空调，看其是否在调定的温度范围内稳定工作。

3. 检查泄漏

应用电子检漏仪，对汽车空调系统的制冷管道和部件进行一次全面而又细致的泄漏检查。发现有微小泄漏的地方，如果是接管或器件有 O 形橡胶圈的，略为拧紧一点螺母即可。注意，O 形橡胶圈不要压得太紧，否则密封反而不好。如果是管道有裂纹等，就要重新修理。

二、汽车空调出厂前的性能测试

汽车空调简单性能测试的方法是用表阀测量其高、低压力值和用温度计测量空调器吹出的空气温度。

1）将表阀和空调制冷系统压缩机吸、排气维修阀连接。连接时，先关闭高、低压手动阀，并连接好后，将胶管内的空气赶跑，否则管内空气会跑到制冷系统内。

2）起动发动机，使压缩机的转速保持在 2000r/min；置空调控制板上的功能选择键在"MAX"（或 A/C）位置，温度键于"COOL"位置，风扇键于"HI"位置，并打开车窗门。用大风扇对准冷凝器吹风。

3）将一根玻璃温度计或电子温度计放进中风门空调出风口，如图 7-1 所示，而将干湿温度计放在车内空气循环进气口处，干湿温度计的球部要覆盖蘸饱水的棉花。

4）空调系统至少要正常工作 15min 后，才能进行测试工作，记录数据。

空调的正常值要达到如下的要求：

① **对 CCOT 系统：** 如图 7-2 所示。

环境温度： $21 \sim 32℃$。

高压表值： $1.01 \sim 1.55MPa$。

低压表值： 压缩机开动后，低压表压力开始下降，降到约 0.118MPa 时，恒温器切断离合器电路，压缩机停止工作。这时，低压表压力又上升至 $0.207 \sim 0.217MPa$，恒温开关接通离合器电路，压缩机又开始工作，低压表压力又下降，周而复始循环。

图 7-1　空调系统制冷的简单测试

空调冷风温度： $1 \sim 10℃$。

② **其他循环离合器制冷系统：** 如图 7-3 所示。环境温度和高压表值与 CCOT 系统相同。

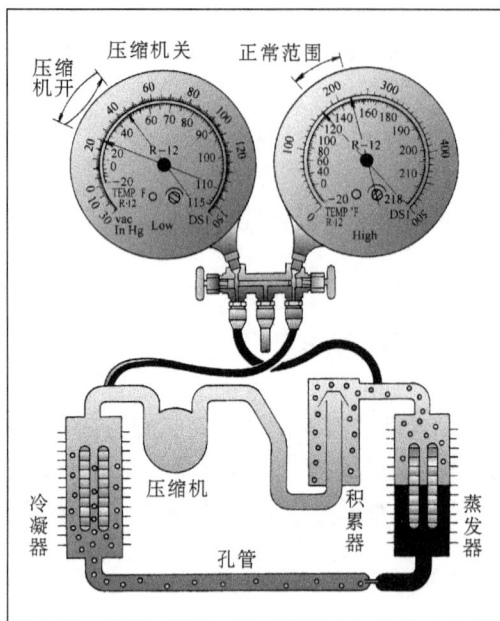

图 7-2　CCOT 系统高、低压力测试

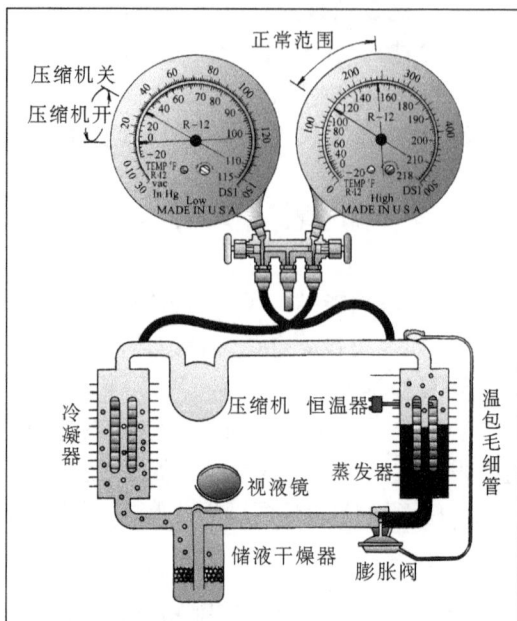

图 7-3　检测空调制冷系统高、低压力值

低压表值：压缩机运行时，低压表值开始下降，在 0.103MPa 时，压缩机停止工作。随后，低压表指针开始回升，回升到 0.207~0.217MPa 时，压缩机又开始工作，低压表值又开始下降，周而复始循环。

空调冷风温度：1~10℃。

第三节　汽车空调故障诊断程序

一、汽车空调故障诊断方法

汽车空调故障诊断是通过看(察看系统各设备各部位的温度)、测(利用压力表、温度计、万用表、检测仪检测有关参数)等手段来进行的。同时还应仔细向驾驶人询问故障情况，判断是操作不当，还是设备本身造成的故障。若属前者，则应向驾驶人详细介绍正确的操作方法；若属后者，就应进行综合分析，找出故障所在，查出故障原因，然后再进行修理。

问

"问"主要是维修人员向车主咨询使用时发现和听到的异常现象，向车主了解出现此故障的发生时间、在哪维修过、维修些什么项目。这些对维修人员来说，可避免在维修时走弯路，对维修时判断故障的原因及部位具有非常重要的参考价值。

闻

"闻"是维修人员凭嗅觉快速地判断空调系统电控元件是否有短路烧蚀，例如，压缩机继电器、放大器、控制面板、鼓风机电动机等。

听

1）起动发动机稳定在1500r/min左右，接通A/C开关，听压缩机工作是否有异响。如果听到"吱吱"的尖叫声，则是传动带过松或磨损，应调整或更换。

2）如果听到抖动声，一般是压缩机固定螺栓和托架紧固螺栓松动，应及时紧固。

3）用听筒或试棒探听内部是否有敲击声，一般为制冷剂"液击"或奔油（冷冻机油过多）敲缸声，应及时检修。

4）停止压缩机工作时，听到压缩机内部有连续撞击声，则是内部运动部件严重磨损，应更换压缩机总成。

观察

1）观察冷凝器的表面是否有碎片、杂物、油泥，应清洗。注意不能用高压水冲洗，以避免翅片变形。

2）观察冷凝器翅片有无变形，若有变形应用尖嘴钳小心拨正。

3）观察进风处的空气滤网，过脏时，应清洗或更换。同时检查蒸发器表面是否有泥土，用压缩空气吹（注意不能用水清洗）。

4）观察压缩机高、低压端，低压管应凝结水珠，但不应出现结霜。各连接接口处是否有油污，特别是压缩机的轴封、前后盖等地方。如有油污，说明制冷系统有泄漏，应及时检修。

5）观察储液干燥器的视液镜，正常情况下视液镜中大体透明，否则应检修制冷系统。

触摸

1）当压缩机工作时，用手触摸压缩机的低、高压管路，两者的温度差应有一定的差距。通常低压端有冰凉感觉，而高压端感觉微烫。

2）用手触摸储液干燥器，压缩机工作时，正常情况下储液干燥器应是热的。如果表面出现水珠，说明储液干燥器破碎堵住制冷剂流通。若进口是热的，出口是冷的，说明内部堵塞，应更换。

3）用手触摸膨胀阀进出口处，进口处是热的，出口是冰凉的，有水珠。若发现膨胀阀出口处有霜冻现象，则说明膨胀阀阀口堵塞，应清洗或更换。

检查

（1）检查调整传动带的张力　根据安装结构和车型不同，其调整的方法和要求也不同。一般是根据相关车型来检查传动带张紧力是否适宜，表面是否完好，与配对的传动带盘是否在同一个平面上。传动带过紧会使传动带过早磨损，并导致轴承损坏；过松则使转速降低，制冷量过小，风速过低以及发电机的发电量不足等。

（2）检查电磁离合器　接通A/C开关，电磁离合器吸合，空调压缩机工作；断开A/C开关，电磁离合器断开，空调压缩机应该立即停止工作；在短时间内断开和接通几次，检查电磁离合器工作是否正常。如果不正常可将蓄电池正极与电磁离合器直接连接，电磁离合器应很干脆地吸合，压缩机应工作，否则应检修空调电路是否有故障。

（3）检查压力开关　高、低压开关的作用是当制冷系统发生故障时，保护压缩机和制

冷系统不受破坏。通常低压开关是闭合的，检查时，用万用表电阻档检测其值应为0Ω；若为无穷大，则表明低压开关断开。这时用跨接线短接两端子，按下 A/C 开关，压缩机工作，说明低压开关损坏，应更换。高压开关通常是断开的，检查时用万用表测量两端子，其电阻应为无穷大。按下 A/C 开关，压缩机工作的情况下，用导线跨接两端子，冷凝器风扇应为高速转，否则说明高压开关损坏，应更换。

(4) 检查冷冻油 通过压缩机的视油镜或油尺检查冷冻油面。通常压缩机侧面有放油螺栓，可略拧松放油螺栓，有油流出为正好；若没油流出，则需要添加冷冻油。冷冻油的加注也有两种方法：一种是直接加入法；另一种是真空吸入法。

(5) 检查膨胀阀 检查膨胀阀感温包与蒸发器出口管路是否贴紧，隔热保护层是否包扎牢固。

(6) 检查暖风系统 检查暖风系统的出风量及风向是否随功能键位于不同的位置，而出风量及风向相应改变。

(7) 检查鼓风机 检查鼓风机工作时是否有异响，是否有异物塞住叶片或碰到其他部件。从低速档到高速档分别调节调风键，每档让鼓风机工作5min，检查其出风量是否有变化。否则应检修或更换。

(8) 制冷温度的检查 按下 A/C 开关，温度键位于最冷位置，风速键位于最高位置，关闭车窗，让空调工作5~8min，用温度计从出风口处测量温度是否在规定的范围内，否则应检修制冷系统。

二、手动空调故障诊断程序

1. 制冷系统(表7-3~表7-14)

表7-3 案例一

故障现象		故障诊断
不能制冷	风量正常，压缩机不工作	1) 电磁离合器故障 2) 压缩机带断裂或太松 3) 压缩机故障
	风量正常，压缩机工作	1) 膨胀阀冰堵或脏堵 2) 蒸发器泄漏 3) 压缩机吸、排气阀损坏 4) 制冷剂软管破损或松动 5) 压缩机轴封损坏 6) 储液器内过滤器堵塞
	鼓风机无风量	1) 熔丝烧断 2) 鼓风机电动机损坏 3) 鼓风机开关损坏 4) 配线松脱或断路 5) 鼓风机变阻器损坏

表7-4　案例二

故 障 现 象	故 障 诊 断	故 障 现 象	故 障 诊 断
只有低速时有冷气	1）冷凝器是否堵塞 2）压缩机带或离合器是否打滑	只有低速时有冷气	3）压缩机内部零件磨损太大

表7-5　案例三

故 障 现 象	故 障 诊 断	故 障 现 象	故 障 诊 断
只有高速时有冷气	1）蒸发器是否堵塞 2）蒸发器是否有大量结霜 3）风道是否堵塞	只有高速时有冷气	4）蒸发器壳体是否漏气 5）鼓风机工作是否正常 6）鼓风机电阻是否损坏

表7-6　案例四

故 障 现 象	故 障 诊 断	故 障 现 象	故 障 诊 断
断断续续有冷气	1）电路接线接触是否不良 2）膨胀阀是否有冰堵或脏物堵塞	断断续续有冷气	3）电磁离合器是否打滑

表7-7　案例五

故 障 现 象		故 障 诊 断
冷凝器排风扇和蒸发器送风扇不运转	熔丝烧断	1）电路或电动机短路 2）短时过热，更换熔丝
	熔丝良好	1）电路插接器不良 2）电动机故障
冷凝器排风扇和蒸发器送风扇运转	无风	1）风扇扇叶脱落或损坏 2）空气过滤网或空气进口堵死
	风量不足	1）空气过滤网有堵塞 2）蒸发器结霜

表7-8　案例六

故 障 现 象		故 障 诊 断
压力异常	高压侧压力过高	1）制冷剂是否太多 2）制冷系统是否有空气 3）高压液管是否有堵塞 4）膨胀阀开孔是否过大 5）冷凝器是否有堵塞 6）制冷剂是否不足

（续）

故 障 现 象		故 障 诊 断
压力异常	高压侧压力过低	1）系统中是否有脏物 2）集液器/储液干燥器是否有堵塞 3）膨胀阀是否有故障 4）压缩机是否有故障
	低压侧压力过高	1）制冷剂是否太多 2）制冷系统是否有空气 3）膨胀阀开度是否太大 4）感温包是否松脱 5）压缩机是否有故障
	低压侧压力过低	1）制冷剂是否不足 2）系统中是否有水分 3）系统中是否有脏物 4）膨胀阀是否有冰塞 5）压缩机是否有故障

表 7-9　案例七

故 障 现 象		故 障 诊 断
冷气系统噪声大	系统外部噪声	1）传动带过松或过度磨损 2）压缩机安装支架松动 3）压缩机内部零件损坏 4）离合器打滑 5）鼓风机轴承缺油
	系统内部噪声	1）鼓风机叶片断裂或与其他部件相碰 2）冷冻油太少或无油 3）制冷剂过多，工作有噪声 4）制冷剂过少，膨胀阀发出噪声 5）系统内有水汽，引起膨胀阀发出噪声 6）高压侧压力过高，引起压缩机振动

表 7-10　案例八

故 障 现 象	故 障 诊 断	故 障 现 象	故 障 诊 断
蒸发器吹出冷气不够冷	1）制冷剂是否符合要求 2）系统中是否有水分或空气 3）膨胀阀是否开度过大 4）膨胀阀是否有冰堵 5）系统中是否有脏物 6）感温包是否包扎好	蒸发器吹出冷气不够冷	7）集液器/储液干燥器是否堵塞 8）集液器/储液干燥器易熔塞是否熔化 9）系统压力是否正常 10）压缩机传动带是否有故障 11）热敏电阻是否有故障

表 7-11　案例九

故 障 现 象		故 障 诊 断
冷凝器风扇不运转	熔丝烧断	1）电路短路 2）短时过热，更换熔丝
	熔丝良好	1）电路插接器不良 2）鼓风机电动机故障 3）鼓风机叶片脱落或变形

表 7-12　案例十

故 障 现 象		故 障 诊 断
压缩机不 能起动	电路系统	1）空调开关是否正常 2）电路连接是否完好 3）熔丝是否熔断 4）地线接触是否牢固
	系统制冷	1）制冷剂量是否符合要求 2）热敏电阻是否损坏 3）系统压力是否太高 4）系统内是否有空气
	电磁离合器	1）离合器接触面是否有污物 2）离合器间隙是否过大 3）离合器电路接触是否良好 4）离合器线圈电压是否符合要求
	压缩机	1）压缩机传动带张力是否符合要求 2）压缩机轴承烧坏 3）压缩机内部卡死 4）压缩机是否缺油
压缩机有噪声		1）检查压缩机传动带张力是否符合要求 2）压缩机支架螺栓是否松动 3）制冷系统是否有空气 4）压缩机内部零件损坏 5）压缩机带轮、曲轴带轮是否在一个平面内运转

表 7-13　案例十一

故 障 现 象		故 障 诊 断
无风或风量不足	风机运转正常	1）鼓风机吸入口有障碍物 2）风管堵塞或脱开 3）蒸发器结霜

（续）

故 障 现 象		故 障 诊 断
无风或风量不足	风机异常（鼓风机本身故障）	1）叶片紧固不牢 2）叶片与外壳相碰 3）叶片变形
	风机异常（送风系统零部件故障）	1）鼓风机开关接触不良 2）接线端子脱落 3）电压低 4）鼓风机变速故障
风量正常	压缩机压力异常	1）压缩机内部异常 2）传动带打滑 3）电磁离合器故障
	压缩机运转异常	

表 7-14　案例十二

故 障 现 象	故 障 诊 断	故 障 现 象	故 障 诊 断
蒸发器不制冷	1）制冷剂是否符合要求 2）蒸发器是否结霜 3）膨胀阀是否堵塞 4）制冷系统是否堵塞	蒸发器不制冷	5）制冷系统是否有空气 6）制冷系统压力是否正常 7）压缩机传动带是否打滑 8）电磁离合器工作是否正常

2. 供暖系统（表 7-15 ~ 表 7-19）

表 7-15　案例一

故 障 现 象	故 障 诊 断	故 障 现 象	故 障 诊 断
不供暖或供暖不足	1）空调鼓风机损坏 2）加热器翅片变形 3）通风不畅 4）加热器漏风 5）发动机石蜡节温器失效 6）鼓风机继电器损坏 7）热水阀或真空电动机损坏	不供暖或供暖不足	8）混合风门真空电动机损坏 9）加热器管子积垢堵塞 10）热风管道堵塞 11）冷却液不足 12）冷却液管受阻 13）加热器管子内部有空气

表 7-16　案例二

故 障 现 象	故 障 诊 断	故 障 现 象	故 障 诊 断
冷却液流失	1）散热器软管破裂 2）发动机缸盖松动 3）散热器泄漏 4）散热器内部堵塞 5）加热器软管破裂 6）散热器盖故障	冷却液流失	7）水泵轴封泄漏 8）加热器传热管泄漏 9）软管接头松动 10）节温器故障 11）密封垫泄漏

表7-17　案例三

故 障 现 象	故 障 诊 断	故 障 现 象	故 障 诊 断
除霜热风不足	1）调温风门调节不当 2）鼓风机变阻器损坏	除霜热风不足	3）发动机节温器损坏

表7-18　案例四

故 障 现 象	故 障 诊 断	故 障 现 象	故 障 诊 断
加热器过热	1）调温风门调节不当 2）鼓风机变阻器损坏 3）发动机节温器损坏	鼓风机不转	1）熔丝熔断或开关接触不良 2）鼓风机变阻器断路 3）鼓风机电动机烧坏

表7-19　案例五

故 障 现 象	故 障 诊 断	故 障 现 象	故 障 诊 断
发动机过热	1）散热器扁瘪 2）水泵损坏 3）风扇传动带松弛 4）散热器损坏 5）发动机正时不当	发动机过热	6）温度传感器故障 7）风扇叶片弯曲或破损 8）散热器外表面积灰 9）仪表板冷却液温度表故障 10）冷却液泄漏

三、自动空调故障诊断程序

自动空调的复杂在于其控制电路，它具有自我诊断系统和失效保护功能。所以在维修全自动空调时，首先，将客户所描述的原始资料登记入册；接着，从自我诊断系统获取第一手资料，例如读取故障码，进行元件动作测试或读取数值；然后，根据所获得的相关信息，包括故障现象和故障码一一进行检查和维修。

1. 故障诊断流程

故障诊断流程如图7-4所示。

2. 故障诊断程序

控制系统主要有以下几方面故障：风量控制不良，主要包括送风电动机不转、送风量不改变；温度控制不良，主要包括温度不降低、不升高或降低升高缓慢等；进气控制不良，总是车外空气进来，或总是车内空气循环，两者不能按控制方式来改变；送风控制不良，按功能选择键后，送出来的空调风不是键上所要求的翻板和温度。

（1）风量控制故障（表7-20~表7-24）

```
┌─────────────┐
│   车辆进厂   │
└──────┬──────┘
       ↓
┌──────────────────┐
│ 客户所述故障分析、登记 │
└──────┬───────────┘
       ↓
┌────────────────────────┐
│ 校核及清除诊断码（预检故障码） │
└──────┬─────────────────┘
       ↓
┌─────────────┐   症状未发生   ┌──────────┐
│  故障症状确认  ├──────────→│  症状模拟  │
└──────┬──────┘            └──────────┘
       ↓ 症状发生
┌─────────────┐   正常码
│  故障码校核   ├──────────────┐
└──────┬──────┘              │
       ↓ 故障码               ↓
┌──────────────┐      ┌────────────────┐
│  故障码一览表   │      │  故障症状基本列表  │
└──────┬───────┘      └───┬────────┬───┘
       │                  │        │
       ↓        ↓         ↓        ↓
┌──────────┐ ┌──────────┐ ┌──────────┐
│  电路检测  │ │ 执行器检查 │ │  部件检测  │
└────┬─────┘ └──────────┘ └────┬─────┘
```

按各车型自动空调系统的电路图和执行器（元器件）
动作测试进行检查

```
┌─────────────┐
│  故障识别     │
└──────┬──────┘
       ↓
┌─────────────┐
│   修理       │
└──────┬──────┘
       ↓
┌─────────────┐
│  验证试验     │
└──────┬──────┘
       ↓
┌──────────────────────┐
│ 学习记忆或初始设定（用于有设 │
│ 定要求的自动空调系统）      │
└──────┬───────────────┘
       ↓
┌─────────────┐
│   结束       │
└─────────────┘
```

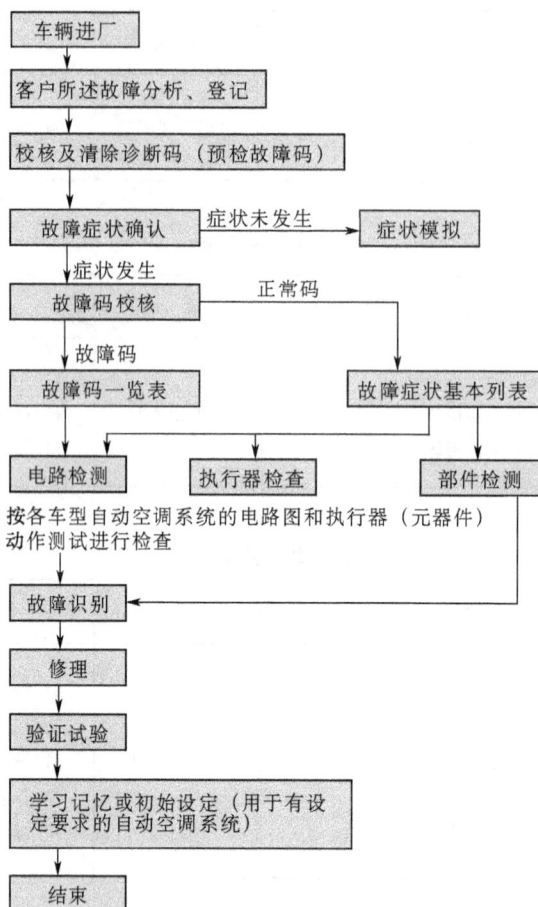

图 7-4　故障诊断流程

表 7-20　案例一

故 障 现 象	故 障 诊 断	故 障 现 象	故 障 诊 断
无进风控制	1）进气门位置传感器电路 2）微电脑控制器	无进风控制	3）进气门伺服电动机电路

表 7-21　案例二

故 障 现 象	故 障 诊 断	故 障 现 象	故 障 诊 断
出风口气流 无法控制	1）功能选择键伺服电动机电路 2）空调微电脑控制器	出风口气流 无法控制	3）冷气伺服电动机控制电路

表7-22 案例三

故障现象	故障诊断	故障现象	故障诊断
鼓风机不运行	1）功能选择键伺服电动机电路 2）空调微电脑控制器	鼓风机不运行	3）冷气伺服电动机控制电路

表7-23 案例四

故障现象	故障诊断	故障现象	故障诊断
鼓风机无控制	1）点火电源电路 2）风机电路 3）继电器控制电路	鼓风机无控制	4）空调控制电源电路 5）传感器电路 6）微电脑控制器

表7-24 案例五

故障现象	故障诊断	故障现象	故障诊断
风量不足	1）点火电源电路 2）功率晶体管电路 3）继电器控制电路 4）供暖主继电器电路	风量不足	5）鼓风机电动机电路 6）传感器电路 7）微电脑控制器

（2）温度控制故障（表7-25～表7-28）

表7-25 案例一

故障现象	故障诊断	故障现象	故障诊断
无冷风送出	1）制冷剂泄漏 2）车内温度传感器电路 3）压力开关电路 4）点火电源电路 5）传动带折断或张力不够 6）环境温度传感器电路 7）压缩机控制电路 8）空调器控制电源电路	无冷风送出	9）用压力表检查制冷系统 10）蒸发器温度传感器电路 11）压缩机传感器电路 12）鼓风机电动机电路 13）空气混合伺服电动机电路 14）微电脑控制器 15）空气混合翻板位置传感器电路

表7-26 案例二

故障现象	故障诊断	故障现象	故障诊断
无温度控制， 只有冷气或暖气	1）车内温度传感器电路 2）空气混合伺服电动机电路 3）环境温度传感器电路	无温度控制， 只有冷气或暖气	4）微电脑控制器 5）空气混合风门位置传感器电路

表7-27 案例三

故障现象	故障诊断	故障现象	故障诊断
无暖风送出	1）热水阀故障空调控制电源电路 2）空气混合伺服电动机电路 3）环境温度传感器电路 4）冷却液温度传感器电路 5）车内温度传感器电路	无暖风送出	6）点火电源电路 7）微电脑控制器 8）空气混合翻板位置传感器电路 9）供暖继电器电路、鼓风机电动机电路

表7-28 案例四

故障现象	故障诊断	故障现象	故障诊断
无冷风送出	1）制冷量是否合适 2）热水阀 3）蒸发器温度传感器电路 4）空气混合伺服电动机电路 5）传动带张力 6）风机电动机电路 7）冷却液温度传感器电路 8）进气门位置传感器电路	无冷风送出	9）检查制冷系统 10）车内温度传感器电路 11）空气混合翻板位置传感器 12）进气门伺服电动机电路 13）冷凝器鼓风机电路 14）环境温度传感器电路 15）电路加热器微电脑控制器

第四节 汽车空调故障诊断技巧

汽车空调制冷系统发生故障时，按照一定的程序去查找、分析故障原因，可以帮助维修人员有条不紊地进行故障排除，达到既快又准确地解决问题。通常故障的排除有以下三种方法。

一、经验法

此法要求维修人员有丰富的维修经验和扎实的理论基础，通过"问、闻、听、看、摸、检查"来直接进行故障的排除。

二、通过储液干燥器视液镜观察判断制冷系统故障

如表7-29所示。

表7-29 使用储液干燥器视液镜观察判断制冷系统故障的方法

故障项目	故障现象	检修方法
制冷剂不足	视液镜下有少量气泡或者每隔1~2s就可以看到气泡，此时高压表压力低，低压表压力低，空调出风不冷	检漏并补充制冷剂至适量

（续）

故障项目	故障现象	检修方法
制冷剂严重不足	视液镜下看到很多泡沫，高压表与低压表压力过低，空调出风不冷	检漏，修理泄漏部位，重新充灌制冷剂至适量
制冷剂过多	视液镜下一片清晰，并有冷气输出，关闭空调后15s内不起泡，或停机1min后仍有气泡流动，高低压两侧压力均过高，出风口不够凉	释放一些制冷剂
干燥剂已分散	干燥剂已分散，并随制冷剂流动，视液镜下为堆状	更换储液干燥器，重新抽真空并加制冷剂

三、用歧管压力表检查制冷系统

这是利用歧管压力表寻找故障的方法。当发动机预热后，在下列条件达到稳定时，从歧管压力表读取压力值。

1）将开关设定在内循环（RECIRC）状态下，空气进口处温度为30~35℃。

2）发动机在1500r/min下运转。

3）鼓风机速度控制开关位于高速（HI）位置。

4）温度控制开关位于最冷（COOL）位置。

注意：由于环境温度条件的影响，测试表的指示值可能有轻微变化。

1. 制冷系统功能正常

如图7-5所示。

2. 制冷系统中有水气

如图7-6所示。

低压侧150~250kPa
(1.5~2.5kgf/cm²)　高压侧 1370~1570kPa
(14~16kgf/cm²)

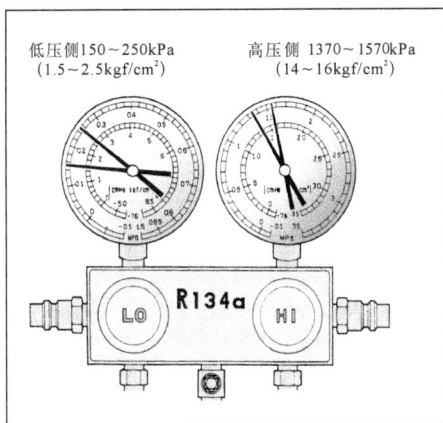

图7-5　制冷系统功能正常

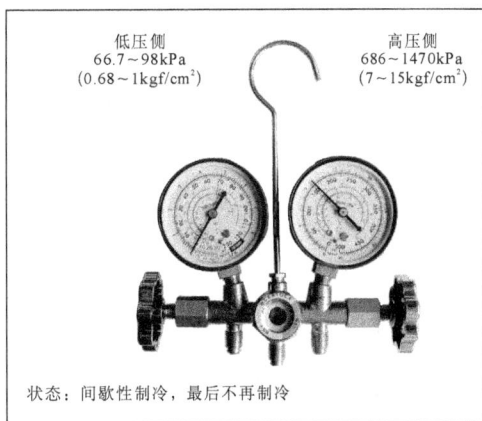

低压侧
66.7~98kPa
(0.68~1kgf/cm²)　高压侧
686~1470kPa
(7~15kgf/cm²)

状态：间歇性制冷，最后不再制冷

图7-6　制冷系统中有水气

制冷系统出现的症状：工作期间，低压侧压力有时变成真空，有时正常。

可能的原因：进入制冷系统内的水汽在膨胀阀管口结冰，循环暂时停止，但是当冰融化

后一段时间又恢复到正常状态。

诊断：干燥剂处于过饱和状态→制冷系统内的水汽在膨胀阀管口结冰，阻止制冷剂的循环。

故障排除方法：

1）更换储液干燥器。

2）通过反复地抽出空气来清除系统中的水汽。

3）注入适当数量的新制冷剂。

3. 制冷不足

如图7-7所示。

制冷系统出现的症状：高、低压侧的压力都偏低，在视液窗出现连续的气泡，制冷效能不足。

可能的原因：制冷系统内有些地方出现气体渗漏。

诊断：系统中制冷剂不足→制冷剂渗漏。

故障排除方法：

1）用渗漏检测器检查气体渗漏，如有必要则应进行修理。

2）充入适当数量制冷剂。

3）接上检测仪表时，若压力指示在0kPa附近，检查和修理寻找到的渗漏点后抽真空。

4. 制冷剂的循环不良

如图7-8所示。

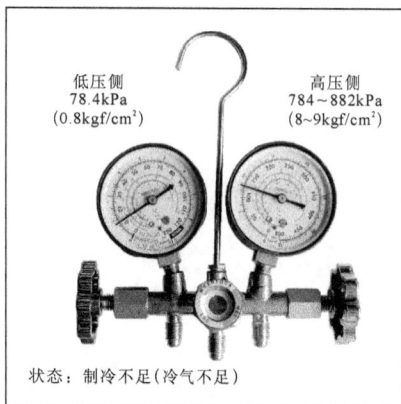

图7-7 制冷不足

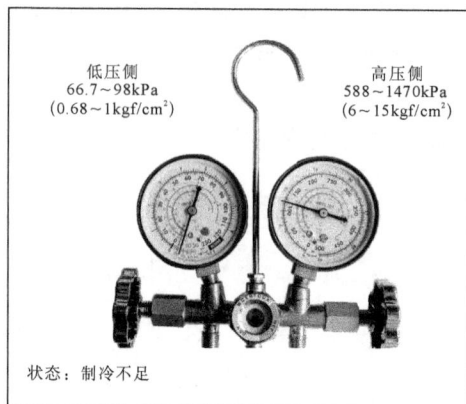

图7-8 制冷剂的循环不良

制冷系统出现的症状：低压和高压侧压力都偏低；从储液干燥器到主机组的管路都结霜。

可能的原因：在储液干燥器中的污物阻止了制冷剂的流动。

诊断：储液干燥器阻塞。

故障排除方法：更换储液干燥器。

5. 制冷剂不循环

如图7-9所示。

状态：无冷气（在有些情况下有时有冷气）

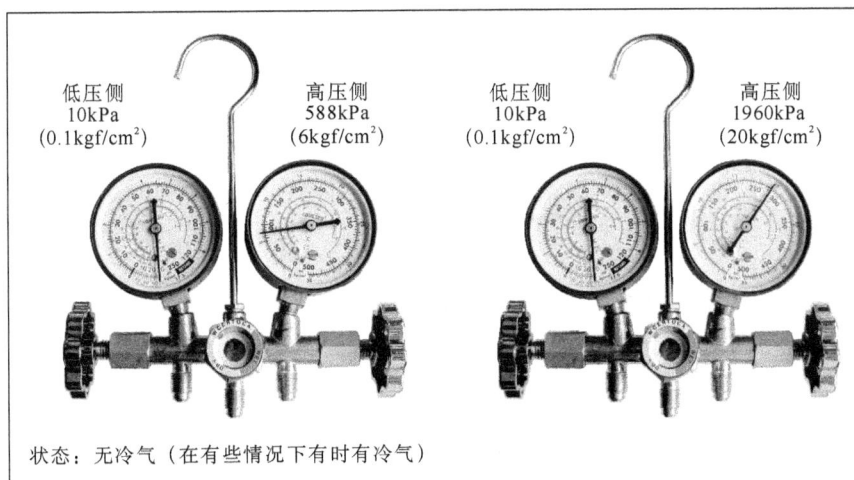

图 7-9　制冷剂不循环

制冷系统出现的症状：在低压侧指示真空；在高压侧指示压力太低；膨胀阀或储液干燥器前后的管子上有露水或结霜。

可能的原因：制冷系统有水汽或污物阻止制冷剂的流动；膨胀阀热传感管处的气体渗漏阻止制冷剂流动。

诊断：制冷剂不循环。

故障排除方法：

1）检查膨胀阀热传感器和蒸发器。

2）用压缩空气清除膨胀阀内污物，若不能清除污物，则应更换膨胀阀。

3）更换干燥器。

4）抽去空气并充入适量制冷剂，若热传感器存在气体渗漏，则更换膨胀阀。

6. 制冷剂过多或冷凝器的制冷不足（冷却不充分）

如图 7-10 所示。

制冷系统出现的症状：在低压和高压侧压力都太高；即使发动机转速降得更低时，通过视液镜也见不到气泡。

可能的原因：系统中制冷剂过量，不能达到预定的效能；冷凝器的制冷不足。

诊断：过量的制冷剂在循环→制冷剂过多；冷凝器冷却不足→冷凝器散热片阻塞或风扇电动机故障。

故障排除方法：

1）清洁冷凝器。

2）检查风扇电动机的转动情况。

3）若以上两项在正常状态，检查制冷剂数量，充入适量的制冷剂。

状态：制冷不足（冷却不充分）

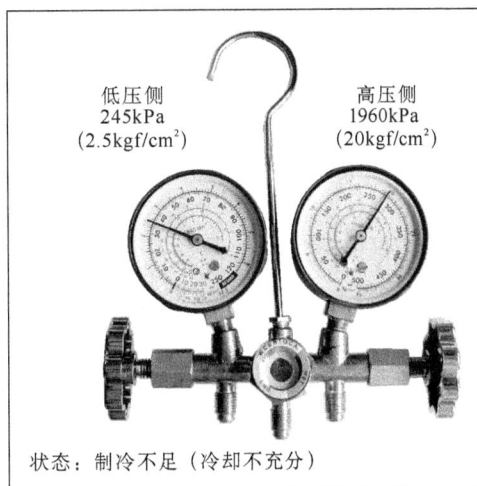

图 7-10　制冷剂过多或冷凝器的制冷不足

7. 制冷系统中有空气

如图 7-11 所示。

制冷系统出现的症状: 在低压和高压侧压力都太高;感觉低压管路是热的;在视液镜中出现气泡。

可能的原因: 制冷系统中有空气。

诊断: 制冷系统中有空气→抽真空不充分。

故障排除方法:

1) 检查压缩机油是否变脏或不足。

2) 排空气并充入新的制冷剂。

注意: 当制冷系统被拆开后没有抽真空就充入制冷剂时,这些压力表指示出此状态。

8. 膨胀阀安装不正确/热传感管故障(开度太大)

如图 7-12 所示。

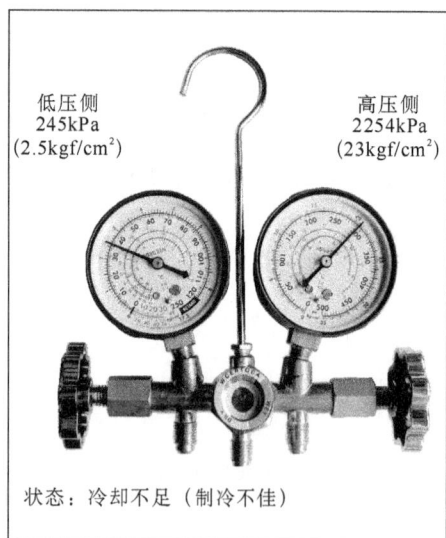

图 7-11　制冷系统中有空气

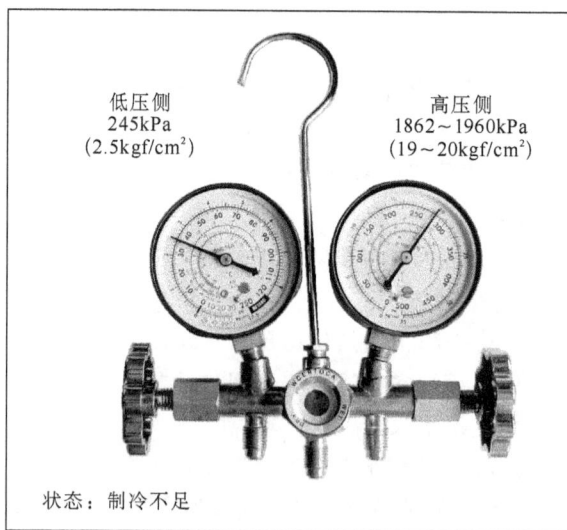

图 7-12　膨胀阀安装不正确/热传感管故障(开度太大)

制冷系统出现的症状: 在低压和高压侧压力太高;在低压侧的管路结霜或有大量的露水。

可能的原因: 膨胀阀故障或热传感管安装不正确。

诊断: 低压管路制冷剂过量;膨胀阀开度太大。

故障排除方法:

1) 检查热传感管安装情况。

2) 若上一项正常,检查膨胀阀。若有故障,更换它。

9. 压缩机的压缩故障

如图 7-13 所示。

制冷系统出现的症状: 低压侧压力太高;高压侧压力太低。

可能的原因: 压缩机内部渗漏。

诊断: 压缩机故障→阀门渗漏或损坏,零件滑落。

低压侧
392~588kPa
(4~6kgf/cm²)

高压侧
588kPa
(6kgf/cm²)

状态：无冷气

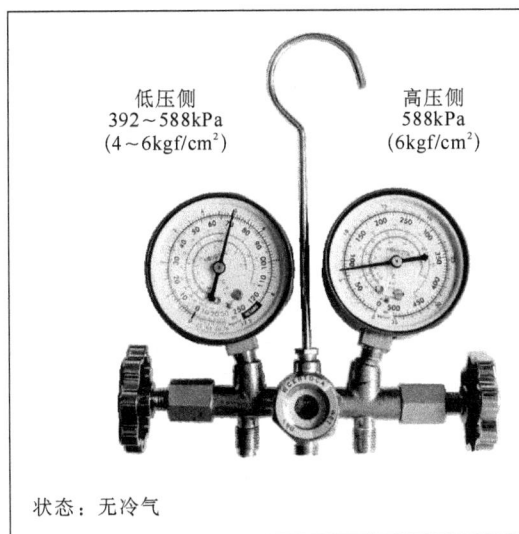

图 7-13　压缩机的压缩故障

故障排除方法：修理或更换压缩机。

注意：

1）这里所指示的表压力为 R134a 系统的，如果是 R12 系统，则表压力均稍低。

2）R12 系统制冷功能正常，表读数低压侧为 147~196kPa；高压侧为 1422~1471kPa。

读者沟通卡

一、申请课件

　　本书附赠教学课件供任课教师采用，可在机械工业出版社教育服务网（www.cmpedu.com）注册后免费下载；也可扫描二维码关注"爱车邦"微信订阅号获取课件。

 爱车邦	**免费下载**　教学课件、学习视频、海量学习资料 ➢ 扫描二维码，关注"**爱车邦**" ➢ 点击"粉丝互动"→"视频课件"

二、意见反馈和编写合作

　　联　系　人：谢元
　　电　　　话：010-88379771
　　电子信箱：22625793@qq.com
　　地　　　址：北京市西城区百万庄大街 22 号汽车分社
　　邮　　　编：100037